Vá feliz!

CARO(A) LEITOR(A),

Queremos saber sua opinião sobre nossos livros.
Após a leitura, curta-nos no **facebook.com/editoragenteb**r,
siga-nos no Twitter **@EditoraGente** e no Instagram
@editoragente e visite-nos no site **www.editoragente.com.br**.
Cadastre-se e contribua com sugestões, críticas ou elogios.

NEDER IZAAC • ASTROMAR BRAGA

Vá feliz!

não existe felicidade sem ação

Diretora
Rosely Boschini

Gerente Editorial Sênior
Rosângela de Araujo Pinheiro Barbosa

Editora Júnior
Carolina Forin

Assistente Editorial
Bernardo Machado

Produção Gráfica
Fábio Esteves

Preparação
Gleice Couto

Capa
Vanessa Lima

Projeto Gráfico e Diagramação
Gisele Baptista de Oliveira

Revisão
Wélida Muniz
Renato Ritto

Impressão
Edições Loyola

Copyright © 2022 by Neder Izaac
e Astromar Braga
Todos os direitos desta edição
são reservados à Editora Gente.
Rua Natingui, 379 – Sumarezinho
São Paulo, SP– CEP 05443-000
Telefone: (11) 3670-2500
Site: www.editoragente.com.br
E-mail: gente@editoragente.com.br

Dados Internacionais de Catalogação na Publicação (CIP)
Angélica Ilacqua CRB-8/7057

Izaac, Neder
　　Vá feliz: não existe felicidade sem ação / Neder Izaac, Astromar Braga. - São Paulo: Editora Gente, 2022.
　　192 p.

ISBN 978-65-5544-262-5

1. Desenvolvimento pessoal 2. Felicidade I. Título II. Braga, Astromar

22-4991　　　　　　　　　　　　　　　　　　CDD 158.1

Índice para catálogo sistemático:
1. Desenvolvimento pessoal

NOTA DA PUBLISHER

A felicidade, tão almejada, às vezes parece algo difícil de alcançar, especialmente por significar coisas diferentes para cada um de nós. Mas uma coisa é fato: para se levar uma vida feliz e bem-sucedida, é preciso começar pelo básico, construindo esse sentimento dentro de você.

O controle da sua mente é capaz de levá-lo em direção a uma vida mais próspera, e não será dinheiro ou sucesso profissional, nem viagens ou bens materiais que farão de você uma pessoa feliz se você não souber qual é o seu propósito e praticá-lo todos os dias! Ao se planejar a vida de maneira responsável, com a prática diária da gratidão, diminuímos os riscos e aumentamos as oportunidades, tudo de maneira consciente.

E para guiar você na jornada de autodescobrimento presente nas páginas de *Vá feliz!* ninguém melhor que especialistas no assunto: Neder Izaac, em seu segundo livro conosco, é hoje um dos palestrantes mais requisitados quando o assunto é liderança, foco, produtividade, planejamento pessoal e mudança de hábitos; e Astromar Braga, escritor, palestrante internacional e autoridade em alta performance e liderança. Juntos, os amigos desenvolveram a ferramenta Espiral Vá Feliz: o seu pontapé inicial para o reencontro com a felicidade.

Tenho certeza, querido leitor, que ao fim da leitura você será capaz de visualizar um futuro feliz, bem-sucedido e com todas as suas metas realizadas. A linha de chegada está mais perto do que você imagina!

Boa leitura!

ROSELY BOSCHINI
CEO e Publisher da Editora Gente

À Pri, Rê, Pedro, Felipe,
Tomé, Maria e Ana.

AGRADECIME

Somos gratos primeiramente a Deus pela nossa amizade, que tanto soma um ao outro, e foi a base para a construção deste livro.

À Missão Mariana Braga, por espalhar amor e felicidade onde há dor.

À dona Lurdes, Teco e Cecília Izaac, e a todo mundo das nossas famílias, que são nossa base e fonte de felicidade e amor.

A toda a equipe extraordinária da Editora Gente, em especial Rosely Boschini, Rosângela Barbosa e Carolina Forin.

A todos que hoje são parte da nossa vida, como resultado da nossa missão, e de cada lugar, sorriso, olhar, abraço e gesto que ficou.

A toda equipe da Rooftop, em especial ao amigo Daniel Gava.

Ao nosso mentor e parceiro James Hunter por todo o apoio e incentivo a nossos treinamentos, com o propósito de espalhar a liderança servidora pelo Brasil e pelo mundo.

Para todos que reconhecemos ou não aqui, este ato nos lembra como as simples escolhas que fazemos a cada momento podem ter um efeito longo e duradouro no caminho da vida – e como uma das melhores decisões que podemos tomar para irmos felizes é expressar gratidão por tudo e por todos. Vá feliz!

SUMÁRIO

PREFÁCIO
JAMES HUNTER **14**

Parte I
Sua essência o espera

1. Todo mundo consegue ser feliz? **19**
2. O desencontro **35**
3. A desconexão com o essencial **55**

Parte II
Felicidade não é um lugar aonde se chega, mas a forma como se vai

4. O reencontro **79**
5. Energia **97**
6. Trabalho **119**
7. Amor **137**
8. Vá feliz **159**
9. Linha de chegada **187**

PREFÁCIO

Parabenizo Neder e Astromar por escrever este livro tão importante! O conteúdo é de fácil absorção e traz sugestões pragmáticas para se levar uma vida bem-sucedida. Além disso, as indiscutíveis verdades da vida espalhadas por toda a obra nos servem de grande lembrete. Particularmente, sou apaixonado pela ênfase que eles dão ao cuidar de si, tanto física quanto espiritualmente! Aqui, você encontrará muitas dicas práticas e exercícios para respirar, dormir, meditar e se exercitar corretamente, então faça um favor a si mesmo: leia esta obra e, mais importante, ponha em prática toda a sabedoria contida nestas páginas!

JAMES HUNTER,
autor do livro *O monge e o executivo*

PARTE 1

SUA ESSÊNCIA O ESPERA

NÃO EXISTE FELICIDADE SEM AÇÃO.

CAPÍTULO 1
TODO MUNDO CONSEGUE SER FELIZ?

Era o terceiro ano de casado de Neder, após onze anos de relacionamento com a mulher com que sempre sonhou e com quem namorava desde os 18 anos. Levava uma vida que muitos consideravam perfeita: era feliz no casamento, a casa estava em construção, e sua esposa, Renata, chegava ao terceiro mês de gestação; ela esperava um menino. Tinha sido uma semana agitada. Logo na segunda-feira, a esposa havia encontrado um pequeno nódulo no pescoço, e, no sábado, o sogro de Neder, que era médico, ligou pedindo para encontrá-lo no terreno da casa sendo construída. O homem pediu que ele não levasse Renata.

Os dois chegaram à obra, e Neder, bastante empolgado com tudo, tomou a frente, mostrando para o sogro o lindo porcelanato que acabara de ser colocado na sala. Neder percebeu que ele não entrou, havia parado na calçada. De lá, com a voz contrita, disse: "Tenho algo muito sério para falar com você. O nódulo que a Renata descobriu no pescoço é um linfoma, que também está em outras regiões do corpo, incluindo um grande, de mais de 10 centímetros, no meio dos pulmões". Ele afirmou que não sabia o que fazer, pois grávidas não podem passar pelo tratamento padrão nesses casos; a quimioterapia mataria o bebê. Naquele instante, foi como se o piso novinho da casa tivesse faltado sob os pés de Neder, e sua vida, com sua esposa e seu filho, tivesse terminado ali mesmo.

Dois dias depois, eles estavam em São Paulo, sentados em frente a uma das melhores hematologistas do país, buscando encontrar uma solução, ou melhor, a cura. A partir de então, em nenhum momento Neder pensou que algo poderia dar errado.

No Brasil, ninguém sabia como tratar. Mesmo essa hematologista nunca havia tratado um linfoma em uma grávida; era um caso raríssimo. Ainda assim, eles não perderam as esperanças, e, uma semana depois, em um congresso internacional, um médico e professor da Universidade de Harvard, já com seus 80 anos, ao ser questionado pela hematologista deles, falou de um protocolo que ele já usara em cerca de vinte pacientes grávidas.

Então começaram a seguir todas aquelas recomendações médicas. O ultrassom morfológico – que costuma ser realizado de uma a duas vezes durante uma gravidez comum – era feito semanalmente, a fim de garantir que o bebê não tinha sido afetado pela quimioterapia com macromoléculas que já estavam sendo aplicadas e que, em tese, não passariam pela placenta.

Além de todas as recomendações médicas, Renata e Neder começaram uma jornada de crescimento espiritual que, de outro modo, nunca teriam experimentado. A fé em Deus dos dois só cresceu nesse período. Desenvolveram o hábito de orar, a esposa ia à igreja diariamente, e toda a família e amigos iniciaram uma grande corrente de pensamento positivo e esperança para que tudo progredisse da melhor maneira.

Hoje, mais de doze anos depois, Neder percebe que toda a situação foi uma loucura. "Sabe quando você passa por uma grande dificuldade e luta com forças que não entende de onde vêm? Em nenhum momento pensei que eu perderia minha esposa e a família que estava começando a se formar", declarou.

Renata, com muita luta e sacrifício, mas, acima de tudo, coragem e fé, venceu a batalha. O tratamento durou seis meses e rendeu o primeiro presente do casal: o Tomé. Hoje, tantos anos depois, já com mais duas filhas, a Maria e a Ana, Neder sabe que – independentemente do que tenha acontecido com a família e por maior que tenha sido o desafio, a perda e a dor – o que importa foi quem ele se tornou durante a jornada.

> Eu exibo minhas cicatrizes como se fossem medalhas.[1]
>
> JOSEPH CAMPBELL

---

1 CAMPBELL, J. **The power of myth**. New York: Anchor Books, 1991.

> *"A MAIOR RAZÃO PARA ESTABELECER UMA META É QUEM ELA O FARÁ SE TORNAR AO ALCANÇÁ-LA"* JIM ROHN[2]

Quer dizer, então, que todo mundo pode ser feliz? Sim, todo mundo pode ser feliz. Essa certeza, porém, não nasceu conosco, e o mundo está repleto de exemplos. É só reparar bem. Foi exatamente o que aconteceu conosco em uma ocasião que tinha tudo para ser apenas mais um dia de trabalho.

A tarde havia começado com muita correria, e, quase à frente do prédio ao qual iríamos para um treinamento com professores, vimos um pai pegando o filho no colo e retirando-o do carro para levá-lo ao hospital. A criança, com mais de 12 anos, não falava e tampouco se mexia, em virtude de uma deficiência física. A cadeira de rodas estava montada ao lado do veículo.

Mesmo com toda pressa que estávamos, não conseguimos passar direto.

"Olá, amigo, podemos ajudá-lo?"

"Imagine! Isso aqui é tranquilo!", sorriu o pai, um senhor franzino, segurando pelo menos uns cinquenta quilos nos braços, colocando, com certa facilidade, o filho na cadeira de rodas.

"Deve ser pesado", insistimos.

A resposta daquele pai mexeu conosco:

---

[2] ROHN, J; WIDENER, C. **Twelve pillars**. Dallas: Jim Rohn International, 2005.

"Não é um peso, é o meu filho."

Ele não nos deu chance de ajudá-lo, e o pensamento chegou bem rápido: *Aquela situação não poderia ser tranquila.* Definitivamente, a criança era grande, o clima estava muito quente e havia trânsito na frente do hospital. Nada conspirava a favor. Mesmo assim, estava tudo bem para aquele homem. Um pai feliz, que não tinha um peso nos braços, como os de fora enxergavam. Ele tinha um filho. Na verdade, um filho para ser feliz e ser a sua felicidade.

Qual a razão de não termos enxergado aquela condição? Por que nós, que estamos de fora, só fixamos o olhar na paralisia? Aliás, já parou para pensar que, quando a situação não é a habitual, tendemos a perceber apenas os problemas?

Precisamos treinar nossos olhos para enxergar além da cena, além do óbvio. Precisamos enxergar mais com o coração e menos com a razão.

Até somos capazes de movimentar os fatos, a fim de analisar melhor seu tamanho, sua intensidade e suas consequências. No entanto, **os ponteiros do relógio continuam a girar, e nossos olhos estão sempre condicionados a ver exclusivamente as paralisias. Escapar dessa armadilha é uma prioridade e uma necessidade humana. Principalmente porque a felicidade tem a ver com essa decisão.** A felicidade é uma construção, um caminho. É algo maior que nós mesmos, e depende de nossa ação.

No livro *Felicidade foi-se embora?*[3], Frei Betto, Leonardo Boff e Mario Sergio Cortella apresentam uma visão filosófica da felicidade: não existem pessoas que são felizes em tudo, porque ser feliz o tempo todo não é normal. Assim como ser triste o tempo todo também não pode ser visto como algo natural.

Podemos pensar em motivos de tristeza, como perder um emprego, e de alegria, como o nascimento de um filho, ou simplesmente ter uma sensação de angústia que não sabemos de onde vem, mas que, ainda assim, atinge a alma. Independentemente disso, na visão da Filosofia, o que nos garante ou não um estado de felicidade é a decisão que tomamos diante de todas essas condições, é o perfeito trânsito entre as situações de tristeza e de alegria ou de enfrentamento de qualquer outro sentimento inexplicável.

No caminho da felicidade, o fator "decisão" é o alicerce para concretamente sermos felizes. E a bússola que aponta para o Norte e garante uma viagem segura é o que chamamos de **propósito**. Fomos gerados e criados para um fim, assim como tudo à nossa volta. **Você já pensou o que vai fazer com o resto da sua vida? A decisão é cuidar do essencial e ser feliz hoje e ao longo de todo o caminho**, cultivando hábitos, atitudes e rotinas diárias que façam de você uma pessoa melhor e mais feliz todos os dias.

---

[3] BETTO, F.; BOFF, L.; CORTELLA, M. S. **Felicidade foi-se embora**. Petrópolis: Vozes Nobilis, 2016.

A felicidade é
uma construção,
um caminho.
É algo maior que
nós mesmos,
e depende de
nossa ação.

TODO MUNDO CONSEGUE SER FELIZ?

O psicólogo americano Abraham Maslow, que desenvolveu uma teoria reconhecida no mundo todo sobre a hierarquia das necessidades humanas,[4] apresenta uma reflexão interessante sobre a questão de sermos melhores a cada dia. Para ele: "Os músicos devem fazer música, os artistas devem pintar, os poetas devem ser espirituais para que, em última instância, estejam em paz com eles mesmos. O que o ser humano pode ser, ele deve ser".[5]

Nossos testemunhos revelam que o difícil não foi exatamente tomar a decisão, mas encarar os olhos espantados de todos à nossa volta ao descobrirem que não seguiríamos a cartilha que o mundo considera a correta para se tornar uma pessoa de sucesso.

Assumir um propósito firme e permanecer nele, mesmo diante de forças contrárias, são atitudes que marcaram e ainda conduzem a nossa história.

Neder sempre foi visto como a "grande promessa" do mundo dos negócios. Inclusive, foi capa da revista *Você S.A.* na edição de janeiro de 2000 com o título "Os líderes do novo milênio". Aos 24 anos, já tinha formação em Administração pela Faculdade Getúlio Vargas (FGV), mestrado em Finanças e um emprego bom e estável na McKinsey,

---

[4] A pirâmide de Maslow hierarquiza as necessidades humanas. Maslow defende, em sua teoria, que as necessidades fisiológicas estão na base da pirâmide, que também traz como necessidades a segurança, a afetividade, a estima e a realização pessoal. Nessa ordem, uma necessidade só poderia ser satisfeita se a anterior fosse concretizada.

[5] MASLOW, A. H. **Introdução à psicologia do ser**. Rio de Janeiro: Eldorado, 1962.

consultoria estratégica mais respeitada do mundo, na cidade de São Paulo.

Passou de "grande promessa" para "decepção" aos olhos daqueles que esperavam dele uma grande carreira como CEO quando decidiu largar tudo em 2005, cinco anos depois de formado, e se mudar para Presidente Prudente, no interior do estado de São Paulo. *Como assim, viver em uma cidade pequena e abrir seu próprio negócio? Só para estar perto da família, casar-se com a menina que ama e ter filhos? Ter uma vida normal?*

Astromar é outro exemplo. Perdeu o pai aos 5 anos, passou a infância no porão da casa da avó, sentiu na pele todas as necessidades humanas para, finalmente, em um lance do destino, e por força de seu próprio talento, sair de casa para ser jogador de futebol profissional, integrando a equipe de grandes clubes nacionais.

Por ser bom de bola, ele poderia ter experimentado todos os prazeres que uma vida com muito dinheiro tem a oferecer. No entanto, dez anos antes, em 1995, ele decidiu seguir outro caminho. Assim como aconteceu com Neder, as pessoas pensaram: *Como assim? Jogar tudo isso fora para ser professor e se dedicar à vida missionária na igreja?*

Pois é, essas foram as decisões tomadas. Se eles realmente dessem ouvidos a todos os "alertas" que lhes fizeram, deixariam de escutar aquilo que o coração deles dizia: "Seja feliz!".

Após caminharem em uma estrada a princípio confusa, Neder e Astromar aos poucos passaram a se enxergar como homens de propósitos firmes. Sempre próximos e com uma amizade e admiração mútua, decidiram, em 2015, abrir uma empresa de treinamento de lideranças com o objetivo de transformar vidas. As decisões drásticas que tomaram enfim ganhavam sentido: mudaram o rumo da própria vida para cuidar do essencial e concretizar o propósito de sentir prazer naquilo que fizessem, aproveitando seus talentos, o que, certamente, lhes traria também retorno financeiro.

Foram mais de 5 mil executivos, empresários, profissionais autônomos, pais e mães, líderes e liderados de todo o Brasil que passaram por seus treinamentos de liderança em parceria com James Hunter, autor do consagrado livro *O monge e o executivo*[6]. Realmente fizeram a diferença para todas essas pessoas durante muitos anos e ainda continuam treinando e capacitando profissionais não só para liderar, mas, principalmente, descobrir a própria essência e ser feliz.

É possível explicar isso pelas seguintes equações:

PRAZER + DINHEIRO − TALENTO = SOFRIMENTO PARA EXECUTAR TAREFAS E POTENCIAL LIMITADO

PRAZER − DINHEIRO + TALENTO = DIFICULDADES FINANCEIRAS E *HOBBY*

PRAZER + DINHEIRO + TALENTO = CAMINHO DA FELICIDADE

---

[6] HUNTER, J. C. **O monge e o executivo**: uma história sobre a essência da liderança. Rio de Janeiro: Sextante, 2004.

Por meio dessas equações, é possível visualizar **como é importante sentir prazer no que fazemos, usar o máximo dos nossos talentos e ter retorno financeiro de nossas atividades, de modo que esses três denominadores, em conjunto, nos ajudem a caminhar em direção à felicidade**. Alcançar esse nível, porém, é um processo que depende de muita reflexão e ação. O objetivo não é simplesmente encontrar um novo caminho, mas o melhor caminho para você.

O QUE VOU FAZER COM O "RESTO" DA MINHA VIDA?

Hoje, Neder, com 44 anos, e Astromar, com 55, provavelmente estão perto ou já passaram da metade do caminho. Mesmo após esse alinhamento na vida de cada um, devido a uma decisão tomada há vários anos, uma reflexão nunca abandonou a mente dos dois: *O que vamos fazer com o restante de nossa vida?*

E você? Já pensou nisso? O que você vai fazer com o resto da *sua* vida?

Alinhar propósito com trabalho requer amadurecimento, porque pode significar sair da zona de conforto. Você tem sede de ser feliz? A verdade é que, para mudar, é preciso se incomodar. E esse incômodo pode gerar transformações quando é sufocante e exige de nós uma decisão.

Mas atenção: não se pode ficar o tempo todo tentando encaixar o propósito no trabalho. Nossa vida supera essa dimensão. Faça a seguinte pergunta a si mesmo: o que eu sei e preciso fazer, pois, de outro modo, não será feito a não ser que eu assuma a responsabilidade?

Porém, é necessário paciência. **Leva tempo para encontrar esse caminho. O segredo não é correr atrás da felicidade, mas cuidar do seu coração.** É o que defende o padre Adriano Zandoná em seu livro *Curar-se para ser feliz*.[7] Segundo ele, o coração precisa ser cuidado para fazer brotar o amor e eliminar todos os vazios que temos dentro de nós e que atrapalham, e muito, os nossos relacionamentos. Para Zandoná, o desamor causa cicatrizes no coração e alimenta a infelicidade. Por isso devemos planejar e exercitar o amor, ter essa perspectiva sobre o que vamos fazer com o restante de nossa vida.

Quando menino, Neder recebeu de seu saudoso avô materno um livrinho que tornaria seus dias poderosos. O livro era *O maior vendedor do mundo*,[8] de Og Mandino, que conta, de modo brilhante, a história de um homem que afirmava guardar segredos e possuir pergaminhos de sabedoria valiosa. O primeiro pergaminho dizia que a primeira atitude do grande vendedor devia ser olhar logo cedinho para o nascer do sol e dizer: "Saudarei este dia com amor no coração. As pessoas que cruzarem meu caminho, as situações em que tiver que tomar decisões difíceis, os olhares que tiver que trocar, o cansaço que terei que enfrentar e as alegrias e bênçãos que receberei serão sempre encarados com amor no coração".

---

[7] ZANDONÁ, A. **Curar-se para ser feliz**. São Paulo: Canção Nova, 2013.
[8] MANDINO, O. **O maior vendedor do mundo**. Rio de Janeiro: Record, 1978.

Amar os outros nos faz sair de nós mesmos. Amar os outros nos força a crescer.[9]

JAMES HUNTER

---
[9] HUNTER, J. C. **O monge e o executivo**: uma história sobre a essência da **li**derança. Rio de Janeiro: Sextante, 2004.

TODO MUNDO CONSEGUE SER FELIZ?

Nossa certeza é de que, se planejarmos ser menos do que somos capazes de ser nos próximos anos que nos restam, há chances de sermos infelizes para o resto da vida.

> "A VIDA É A ARTE DO ENCONTRO, EMBORA HAJA TANTO DESENCONTRO PELA VIDA."
> VINICIUS DE MORAES[10]

---

[10] SAMBA da bênção. Intérprete: Vinicius de Moraes e Odette Lara. *In*: VINICIUS & Odette Lara. Rio de Janeiro: Universal Music, 1963. Faixa 11.

CAPÍTULO 2
O DESENCONTRO

O professor da Universidade de Harvard, Tal Ben-Shahar,[11] fala sobre o modelo de metas do Ocidente a partir da história de um garoto chamado Timon. Aos 6 anos, quando o menino começou a frequentar a escola, a corrida de rato, como é identificada pelo professor, foi iniciada. Timon era constantemente lembrado pelos pais e professores que devia tirar boas notas na escola para garantir um bom futuro. Ninguém lhe disse que podia ser feliz estudando e que o aprendizado devia ser divertido. Com medo de tirar notas baixas, Timon vivia ansioso e estressado. Sua vida era aguardar os feriados e o final do semestre letivo, quando não teria de pensar em provas e notas.

Desde muito cedo, o garoto aceitou os valores dos adultos, acreditando que avaliações mediam o sucesso. Quando tirava notas altas, era elogiado pelos professores e invejado

---

[11] BEN-SHAHAR, T. **Seja mais feliz**: aprenda a ver a alegria nas pequenas coisas para uma satisfação permanente. São Paulo: Academia, 2018.

pelos amigos igualmente doutrinados. Já no ensino médio, Timon internalizou a ideia de que o prazer no presente devia ser sacrificado para ser feliz no futuro. *Sem dor, sem ganho*, pensava o jovem o tempo todo.

Aplicado e estudioso, Timon entrou na faculdade de seus sonhos e acreditou que, finalmente, seria feliz. O alívio durou pouco. A ansiedade voltou a dominar sua mente, pois ele temia não vencer os melhores alunos da faculdade. Se ele não estivesse à frente, como conquistaria o emprego que desejava?

A corrida de ratos continuou. Todas as suas atividades extracurriculares não eram escolhidas porque ele gostava de praticá-las, mas em virtude do peso que teriam em seu currículo. Sua diversão se resumia aos momentos de entregar um trabalho ou após concluir uma prova. Ah, esses eram os momentos de alívio!

A graduação terminou e o emprego dos sonhos foi conquistado. Enfim, como profissional, Timon estava plenamente aliviado, pois poderia aproveitar a vida. Ele não gostava das horas que passava no trabalho, mas estava certo de que aquele sacrifício seria passageiro. De vez em quando, recebia um aumento salarial, e todos se impressionavam com seu desempenho.

Timon e sua maravilhosa família moravam em um condomínio de alto padrão, ele tinha um carro de luxo e recebia mais do que conseguia gastar. Mas Timon estava infeliz.

Aos olhos dos outros, ele é o arquétipo do sucesso, um modelo a ser seguido. Aos próprios olhos, porém, não sabia sequer o que dizer aos filhos. Se deveriam realmente dar duro na escola, se deveriam se sacrificar para entrar na melhor faculdade... Afinal, para ele, ser bem-sucedido, ser um bom atleta na corrida de ratos, é sinônimo de ser infeliz.

Muitos empresários, imersos em seus trabalhos, são extremamente felizes mesmo com longas jornadas dedicadas à profissão. Eles, porém, não são corredores da corrida de ratos. São os pilotos, detêm o controle da direção em suas mãos. A diferença entre os pilotos da vida e um rato corredor não está no cargo que ocupam, mas no aproveitamento da corrida.

Vemos muitos ratos corredores por perto porque a nossa cultura reforça essa crença. Se recebermos a nota máxima no final do ano, ganhamos presente dos nossos pais. Se atingirmos as metas no trabalho, somos recompensados com um bônus. Aprendemos a nos concentrar no próximo objetivo e não na experiência que estamos vivendo. Não somos recompensados por desfrutar da jornada em si, mas pela conclusão bem-sucedida dela.

Quando atingimos os objetivos, confundimos o alívio que sentimos com felicidade. Mas o alívio proveniente de cada meta conquistada é temporário. Por isso, nessa corrida de ratos, ao confundir alívio com felicidade, continuamos apenas perseguindo objetivos e nos esquecemos de viver nossa essência todos os dias. Acabamos percorrendo nossa jornada a passos rápidos enquanto deveríamos pilotar nossa vida desfrutando de cada quilômetro percorrido, aproveitando cada experiência. Sempre com o controle remoto nas mãos.

Timon ignorou suas virtudes, sua essência e, desse modo, viveu e continuará vivendo o resto da vida longe do caminho de significado e felicidade.

VIVENDO AS PRÓPRIAS VIRTUDES

Sócrates[12] nos conta que, certa vez, muito antes de se tornar um herói, o jovem Hércules caminhava quando chegou a uma bifurcação na estrada. Nesse ponto, ele avistou duas deusas. Uma delas estava bastante maquiada e corria na frente de modo um tanto extravagante, enfeitando-se e olhando em volta para ver se alguém a notava. Ela falou a Hércules que seus amigos a chamavam de Felicidade (ou Eudaimonia). Seu nome verdadeiro? Kakia. Ela prometeu ao jovem uma vida de puro prazer e luxo sem esforço. Se ele simplesmente a seguisse, teria tudo.

A outra deusa escutou e deu um passo à frente. Ela, que tinha uma beleza discreta e radiante, disse a Hércules que era impossível ter uma vida boa centrada apenas no luxo fácil e que, se ele decidisse segui-la, sua vida seria extraordinariamente desafiadora e exigiria o melhor dele. Assim, os deuses o favoreceriam com verdadeiro sentido de significado e profunda alegria quando ele refletisse sobre seus nobres feitos.

---

[12] ROBERTSON, D. **Pense como um imperador**: conheça a mente de um dos maiores líderes da história e descubra como um mindset resiliente pode vencer qualquer adversidade. Auxiliador: Citadel, 2020.

> O que o ser humano pode ser, ele deve ser.[13]
>
> ABRAHAM MASLOW

---

13 MASLOW, A. H. **Introdução à psicologia do ser**. Rio de Janeiro: Eldorado, 1962..

VÁ FELIZ!

O nome da segunda deusa era Areté, que significa "viver suas virtudes", o que, por sua vez, expressa a realização da própria essência. Segundo Sócrates, a virtude é fazer aquilo a que cada um se destina.

Todos nós enfrentamos essa escolha em nossas vidas. Seguiremos o fascínio sedutor da vida fácil e nos entregaremos a todos os prazeres que surgirem em nosso caminho ou aceitaremos de boa vontade os desafios da vida e nos doaremos ao mundo enquanto nos esforçamos para viver com sabedoria, autodomínio, coragem e amor?

A escolha é nossa. Aristóteles fala sobre Areté (viver suas virtudes) usando a metáfora de que as pessoas são como arqueiros, que precisam de um alvo claro para mirar. Sem um alvo ou objetivo, fica-se com o padrão animal, como o elefante que pasta ou vaga por onde quiser. E, mais ainda, por viver em manada, o elefante acaba seguindo o comportamento de todos os outros sem perceber que poderia dar o melhor de si. Você deve usar todos os seus dons em favor da vida e ter um objetivo maior; um propósito a ser perseguido que seja legítimo e único e que só você veio ao mundo para realizá-lo.

Dona Lurdes, mãe do Astromar, é uma pessoa extremamente realizada. Vive seus dias como se fossem únicos, pessoa sábia e guerreira. Nunca fez sucesso, nunca apareceu em grandes canais de TV nem subiu nos palcos, mas leva uma vida completa e realizada com tudo que tem e a faz feliz.

O sentido da vida não está em ter muito dinheiro, fama, prestígio ou bens materiais. Ele deve ser encontrado na busca por realizações positivas. De fazer a diferença na vida de outras pessoas, criar novos relacionamentos, sentimentos, novas estruturas de bondade no mundo.

As pessoas se lembrarão de você pelo que você fez por elas, e não por quem você é.

ENTRE ENCONTROS E DESENCONTROS

A vida, em geral, começa sempre com um **encontro**. Passamos a infância em lugares dos quais gostamos muito, com nossa família, memórias boas, cheiros e sensações. Aos poucos, crescemos e vamos nos encontrando. Encontramos uma profissão, encontramos amigos e encontramos a pessoa que seguirá ao nosso lado para, juntos, construirmos uma família. Essa primeira parte pode conter alguns infortúnios, sofrimentos e dores para muitos, mas, com o amadurecimento, nos tornamos mais resilientes e tiramos lições das situações difíceis pelas quais passamos; e assim seguimos adiante.

No entanto, a maioria das pessoas, em geral na meia idade, vive uma fase de **desencontro**. A vida perde o sentido. A pessoa passa a viver como aquele arqueiro sem alvo. Muitos se tornaram reféns da redoma virtual, como manada de elefantes, e buscam encontrar sentido na vida por meio das falsas imagens de felicidade que veem nas mais de duas horas por dia que gastam nas redes sociais. Grande parte vive todos os dias apenas para "cumprir tabela", pensa que já está quase na metade da vida e ainda não conseguiu alcançar o que sempre desejou, ser quem imaginava que seria e estar nos lugares que sonhava.

Bob Buford, em seu livro A *arte de virar o jogo no segundo tempo*,[14] nos fala que, quando temos 20 ou 30 anos, vivemos a história do herói, nos espelhamos no Michael Jordan, que pode, com uma cesta, ganhar o jogo da vida, ou até em outras pessoas e personagens que são nossas referências. Esse alvo nos ajuda a definir quem somos e o que estamos fazendo, mas, em determinado momento, essa atitude começa a nos confinar, impedindo-nos de nos tornar quem devemos ser na próxima fase da vida.

O mito do sucesso fica tão enraizado em nós que não conseguimos ir da busca por sucesso para a busca por significado. Pode estar bem claro, mas não conseguimos ver todo o potencial que os próximos vinte e cinco a trinta anos têm para nos oferecer. Ficamos presos em algum intervalo da vida sem decidir o que fazer com o restante do tempo que nos resta. O autor, a partir de entrevistas com pessoas que viveram esse dilema, enumerou seis principais mitos que nos impedem de virar o jogo no segundo tempo e sair da fase do desencontro, são eles:

1. O mito do Peter Pan: Não há ilustração melhor que a do cinquentão que se veste e, às vezes, age

---

14 BUFORD, B. **A arte de virar o jogo no segundo tempo da vida**. São Paulo: Mundo Cristão, 2005.

como um adolescente. Ou seja, o mito do Peter Pan é, como o próprio personagem afirma, querer ser jovem para sempre. Muitos buscam cirurgias estéticas, e não há nada de errado nisso, mas, para que possamos aproveitar os próximos vinte anos, temos de deixar o Peter Pan para traz. Essa virada é importante. Eclesiastes, como grande livro de sabedoria da Bíblia, nos lembra de que existe um tempo para cada coisa.

2. O mito da terra encantada: Esse é um destino perigoso para o segundo tempo da sua vida. Muitas pessoas sonham viver em um local sem estresse e levar uma vida só de prazer e calmaria. Uns pensam em uma praia, outros em uma casa na montanha para passar o "resto" da vida. O autor Bob Buford relata que, quando você começa a pensar nisso, provavelmente já está no segundo tempo! Poucas pessoas na primeira metade da vida sonham deixar o trabalho e ficar sem fazer nada o dia todo.

Há muitos exemplos de pessoas ricas que não precisariam trabalhar, mas continuam porque entenderam que possuem uma missão ou um propósito. Precisamos ter uma meta, um desafio, algo que nos impulsione a continuar. A tentação de cair nesse mito no meio da vida é grande. Para evitar ficar preso nele, tire um tempo sabático ou férias longas, mas não pare de trabalhar!

As pessoas se lembrarão de você pelo que você fez por elas, e não por quem você é.

3. **O mito do sucesso:** Muitas pessoas, no meio do caminho, caem no mito do sucesso em vez de buscar significado para o que fazem. Esse mito está diretamente ligado à necessidade de impressionar os outros com bens materiais caros, buscando legitimação com o pensamento de que será aceito pelos grandes se tiver os símbolos materiais corretos. Claro que não há nada de errado com os carros e relógios de luxo – são realmente produtos que o distinguirão do resto da multidão. No entanto, se você perceber que está falando muito sobre seu celular de última geração ou da sua casa de veraneio, é provável que esteja tentando buscar significado em uma via errada.

No mito do sucesso, tudo em que você pensa é qual a próxima aquisição que o fará feliz. Mas, um dia, você vai acordar, olhar para seu Porsche na garagem e se perguntar se uma Lamborghini não lhe traria mais felicidade. A falsa promessa desse mito é a de que seus grandiosos "brinquedos" lhe trarão satisfação e preenchimento contínuos. Se você está preso nesse dilema entre sucesso e significado, a pergunta é: quanto tempo está gastando com seus novos "brinquedos"?

4. **Mito do "senhor que já foi isto":** Não queremos ser lembrados como "aquele que já foi alguma coisa". Por outro lado, o medo de não conseguirmos

ser outra coisa nos faz tentar aproveitar sempre os louros do passado e os créditos que já temos. Podemos até não sentir mais motivação pelo trabalho atual, mas, ao mesmo tempo, temos medo de tomar alguma atitude que faça nosso telefone parar de tocar.

Se já foi um líder em algum setor e o abandona para perseguir algo novo, você necessariamente vai se posicionar fora do seu ciclo de amizades e contatos de negócio. A cultura em que vivemos promoveu o mito de que nossa identidade é definida pelo título que temos dentro de uma empresa, pelo cartão de visitas que carregamos ou, mais recentemente, pelo cargo que apresentamos no LinkedIn. E toda vez que você precisa se reinventar, terá de superar esse peso de já ter sido "o cara que fez tal coisa". Como costumamos falar em nossos treinamentos, quando chegamos a esse ponto, é hora de cuidarmos da pessoa por trás do crachá!

5. **Mito do dinheiro:** Muitos de nós acredita que não podemos entrar na segunda metade da vida se não tivermos juntado determinado montante de dinheiro. O pensamento é: *Quando atingir esse valor, estarei seguro e não dependerei mais de ninguém.* Nesse caso, uma das perguntas principais a se fazer é quanto é o suficiente. As respostas variam muito, mas a maioria costuma concordar

que é uma meta que aumenta com o tempo. Aqueles que têm o objetivo de 1 milhão de reais, quando o alcançam, percebem que, na verdade, querem 10 milhões de reais.

Dinheiro é importante, sim, mas Jesus mesmo se referiu muitas vezes a ele como "enganoso". Buford, em suas pesquisas, revela quatro falsas crenças que fazem do dinheiro tão enganoso. Aqueles com grande riqueza tendem bastante a acreditar nas seguintes afirmações:

* "Eu sou infalível" (ninguém pode me atingir);
* "Não tenho responsabilidades";
* "Não preciso de outras pessoas... nem de Deus";
* "Dinheiro comprará a minha felicidade".

Dinheiro é bom, nos traz segurança, nos permite momentos de prazer e felicidade, sorrisos e experiências maravilhosas, mas, para avançarmos no caminho com felicidade, precisamos zelar para não nos deixarmos levar por essas quatro afirmações.

6. Mito de Salomão: Segundo o autor, é a ideia de que as coisas devem vir em um só pacote: dinheiro, inteligência e status – com isso, você terá tudo que importa. Salomão tentou ter prazer, muita sabedoria, construções monstruosas, mais de cem mulheres e concubinas. No final, concluiu que é como perseguir o vento: tudo desaparece e nada tem significado. Um dos mitos da metade da vida é que você vai começar a perseguir um projeto de autocrescimento que durará a vida toda. Vai querer estudar arquitetura, viajar o mundo, aprender uma nova língua. Mas o foco sempre é você e, ironicamente, isso nunca vai produzir significado.

Com essa clareza dos mitos que podem nos prender na fase do desencontro, precisamos entender que falta algo que nos traga significado, que resgate nossa essência e nos permita acordar com mais energia e felicidade todos os dias.

Quando perdemos o foco no essencial temos um grande problema em mãos. Assim, precisamos parar, planejar, visualizar nosso futuro ideal, cuidar da mente e do corpo e estar dispostos a iniciar a fase do **reencontro**. Se você tem entre 40 e 60 anos, talvez tenha entre quarenta ou vinte anos pela frente. Esses podem e devem ser anos nos quais você se moverá na direção de algo bom e agradável, na direção do crescimento pessoal, familiar. Serão tempos celebrativos e, ao mesmo tempo, de muito mais significado e presença no hoje. A sensação e os conceitos de mindfulness e da busca pelo autocuidado e por maior clareza faz todo sentido nesse momento de reencontro.

É essencial saber como podemos terminar bem a vida. Muitos percorrem bem a maratona até a metade, mas poucos chegam à linha de chegada de maneira equilibrada e realmente vitoriosa.

Um colega de Neder, certa vez, convidou-o para passar uns dias em sua casa de praia e descreveu-a de modo fantástico: vista para o mar, piscina privativa, suíte para o casal, espaço para os três filhos brincarem, funcionários à disposição para limpar e cozinhar. O convite foi aceito, mas condicionado à presença do próprio dono da casa, a fim de que pudessem passar juntos o fim de semana. E, com lágrimas nos olhos, esse colega confessou que, em muitos e muitos fins de semana, ele teve de cortar uma peça de picanha no meio e assar só metade para não precisar jogar fora por falta de companhia.

Não existe um manual nem regras para voltar a focar o essencial e saudar cada dia com amor no coração, mas há oito boas práticas que podem ser observadas na vida de homens e mulheres que chegaram bem ao fim da vida; são elas:

1. **Cultivar um caráter de ouro.** Humildade ao servir ao próximo e humanidade são duas qualidades a serem perseguidas acima de todas as outras. Busque um estado de iluminação e crescimento espiritual. O que isso significa? Que se deve caminhar sem culpa, sem ressentimentos, com perdão e buscando ser irrepreensível.

2. **Construir um plano de sucessão.** Não existe sucesso sem sucessão. A preocupação com o legado é o que a maioria dos pais e líderes parecem não entender. Todo líder, em algum momento, vai deixar sua organização ou sua família. Mesmo se a pessoa se recusar a se aposentar, ela vai morrer em algum momento. O último grande feito de alguém deveria ser medido por sua habilidade de

dar à sua empresa ou à sua família uma sucessão tranquila. Empresários e profissionais autônomos, por exemplo, quando chega o momento de deixar a organização, precisam estar preparados para sair. Continuar interferindo só prejudicará a todos os envolvidos. Muitos têm a felicidade de observar, no final da vida, após passarem o bastão, como os sucessores conseguiram melhorar e seguir em frente; e, ainda, mantêm uma posição de conselho, ou em um formato mais distante, de acompanhar e garantir que a roda continue girando.

3. **Aprender a ser o número 2.** Teremos de dar um passo para trás em várias áreas da vida e ver alguém não só tomando nosso lugar, mas sendo melhor que nós.

4. **Deixar as finanças em ordem.** Honre a próxima geração com suas finanças. Para isso, durante a vida, se preciso, peça e obtenha ajuda de especialistas. Em geral, um planejador financeiro, um advogado e/ou um contador de confiança.

5. **Continuar aprendendo.** Não importa quão velhos sejamos! Devemos olhar para novos horizontes. Nunca é tarde para aprender a tocar um instrumento, velejar, mergulhar, praticar um novo esporte ou quem sabe aprender aquele idioma que você sempre quis falar. Uma boa parte de poder terminar bem a vida traduz-se em continuar sendo curioso.

> Pergunte a si mesmo quantos anos você teria se não soubesse o dia em que nasceu.[15]
>
> WILLIE NELSON

---

[15] DON'T let the old man in. Intérprete: Willie Nelson. In: FIRST Rose of Spring. New York City: Legacy Recordings, 2020. Faixa 4. Tradução livre.

6. **Separar tempo para pessoas.** Temos de reservar tempo para as pessoas sendo ativos, otimistas, animados. Mesmo que a hospitalidade não seja seu forte, planeje convidar alguém para sua casa uma vez por semana e, então, escute-a, cuide dela e contribua com sua experiência. Na segunda metade da vida, é hora de amar e dar mais do que receber. Separar um tempo para ser útil aos outros é essencial.

7. **Escrever suas memórias e seus motivos de gratidão.** Isso nos faz focar o presente e contribui para dar maior significado à vida a cada dia. Peter Drucker, o pai da administração moderna, confessou que tinha um bloqueio mental quanto a escrever memórias, pois achava que era orgulho. Até que, ao completar 70 anos, o editor dele chamou sua atenção, dizendo: "Vai esperar o final para começar?".[16]

8. **Planejar mais tempo para diversão.** Prazer e diversão não são automáticos. A palavra mais importante aqui é "não". Dizer não para todas as tarefas e atividades repetitivas e separar um tempo para ficar livre e se divertir. Aquela semana na praia com sua filha ou o Natal em um local especial não acontece de modo automático, exige foco e planejamento.

---

16 BUFORD, B. **Finishing well**: the adventure of life beyond halftime. Michigan: Zondervan, 2011.

O DESENCONTRO

Observamos mais e mais pessoas muito bem-sucedidas emperrando na fase do desencontro. Elas tiveram bons resultados no trabalho e na carreira, mas acabam sempre em dois grupos. O primeiro é o que vai se aposentar. Em geral, quem está nele não vive muito (não em profundidade). O segundo continua o que estava fazendo, mas começa a perder o entusiasmo, o brilho nos olhos, o significado, sente-se menos vivo. Ambos desconhecem o Areté ("viver suas virtudes"), perderam o foco no essencial, passaram a viver no automático, e será necessária essa parada obrigatória no intervalo do jogo para que possam buscar o reencontro.

PAUSA E EQUILÍBRIO MENTAL SÃO HABILIDADES INDISPENSÁVEIS QUE IGNORAMOS.

CAPÍTULO 3
A DESCONEXÃO COM O ESSENCIAL

"Não dá para ser invejoso e feliz ao mesmo tempo. Pessoas que se concentram demais em comparações sociais se veem cronicamente vulneráveis, ameaçadas e inseguras. [...] Quanto mais feliz a pessoa, menos atenção ela presta a como os outros estão se saindo."

SONJA LYUBOMIRSKY[17]

---

[17] LYUBOMIRSKY, S. **The how of happiness**: a scientific approach to getting the life you want. Nova York: Penguin Books, 2008. Tradução livre.

Para analisar o seu real grau de conexão ou desconexão com o que é essencial na vida e com o cuidado com a sua felicidade, propomos uma equação simples, porém muito poderosa, de autoavaliação. Ela foi criada por Mo Gawdat, engenheiro e ex-diretor de negócios do Google em seu livro A *fórmula da felicidade*.[18]

$$\text{EQUAÇÃO DA FELICIDADE} = \text{PERCEPÇÃO DOS ACONTECIMENTOS EM SUA VIDA} - \text{EXPECTATIVA DE COMO SUA VIDA DEVERIA SER}$$

O resultado dessa conta definirá o quão feliz você conseguirá ser.

Na primeira parte da equação está sua capacidade de perceber o hoje, o agora, as coisas, pessoas, fatos, acontecimentos que já são dádivas e bênçãos na sua vida. Pense no olho de um furacão ou na calma no meio de um ciclone. Não importa a intensidade da tempestade, aquele centro calmo e azul está sempre lá. Todos nós temos esse centro tranquilo dentro de nós.

A atenção plena, do inglês *mindfulness*, ou a capacidade de perceber os acontecimentos da vida nos reconecta a esse espaço central em que experimentamos plenamente o momento presente e temos acesso à sabedoria transcendente que muitas vezes está associada ao fluxo consciente. Muita coisa boa e importante passa despercebida em nosso dia quando não treinamos a capacidade de percepção.

---

[18] GAWAT, M. **A fórmula da felicidade**. São Paulo: Leya, 2017.

A DESCONEXÃO COM O ESSENCIAL

Nós temos a capacidade de intervir e treinar essa percepção. Mas como? Precisaremos fortalecer esse músculo como se estivéssemos treinando para uma maratona. É o exercício que vamos praticar ao longo do livro.

Na segunda parte da equação está a expectativa de como nossa vida deveria ser. Temos expectativas dos lugares que gostaríamos de conhecer, do carro que gostaríamos de comprar, da casa ideal para viver, do nosso par ou relacionamento perfeito ou até do corpo fitness com que sempre sonhamos.

O pior de tudo é constatar que **estamos cercados de itens que fazem parte de um mundo que não é o nosso e, ao mesmo tempo, não conseguimos recusá-los**. Perceba que somos humanos, resultado de uma evolução biológica de milhões de anos e, de repente, não somos mais capazes de escapar da redoma virtual que foi instalada sobre nossas cabeças sem que percebêssemos. A conectividade e o uso de redes sociais colocaram um peso absurdo à segunda parte da equação, elevando exponencialmente nossas expectativas de como a vida deveria ser.

Não odiamos a tecnologia, mas é preciso levantar essa questão quando se fala de busca pela felicidade. Afinal, uma vez inseridos no mundo da tecnologia e dos aplicativos, **não conseguimos estar em paz se nos for retirado algo tão precioso: a consciência da vida, do agora, ou seja, a capacidade de perceber a beleza; a simplicidade das pessoas, da natureza e das coisas que nos cercam – o foco da primeira parte da equação.**

Toda esta riqueza de informação cria uma pobreza de atenção.[19]

ADAM GAZZALEY E LARRY D. ROSEN

---

19 GAZZALEY, A; ROSEN, L. D. **The distracted mind**. Cambridge: The MIT Press, 2016.

A DESCONEXÃO COM O ESSENCIAL

Este livro mesmo foi escrito em um computador, apoiado por milhares de incursões na internet, pesquisas on-line, testes, troca de e-mails e mensagens pelas mais diversas redes sociais, as mesmas que você usa todos os dias. Viver ou não dentro da redoma virtual não é uma questão de escolha. **Vivemos nessa cúpula porque precisamos seguir um fluxo e porque não há dúvida de que a nossa vida ficou melhor e mais conectada com o mundo.** No entanto, há dois detalhes para os quais queremos chamar atenção: qual a sua capacidade consciente de sair da redoma quando quiser e, ainda assim, viver bem? E qual é a vantagem dessa saída, considerando que somos humanos e não fomos programados como algoritmos que nos dão solução para tudo?

O americano Nicholas Carr aborda alguns pontos fundamentais sobre o que o mundo conectado pode fazer conosco e, principalmente, com nossas crianças, que já estão nascendo digitalizadas. A partir de uma investigação própria e fundamentada teoricamente com autores da Neurociência e da Psicologia, ele escreveu o livro *A geração superficial: o que a internet está fazendo com os nossos cérebros*,[20] que foi finalista de um os maiores prêmios mundiais do jornalismo, o Prêmio Pulitzer.

Em seu livro, Carr faz referência justamente a gerações inteiras que estão sendo destituídas do pensamento próprio por conta da incapacidade de filtrar devidamente os assuntos

---

[20] CARR, N. **A geração superficial**: o que a internet está fazendo com os nossos cérebros. São Paulo: Agir, 2019.

pelos quais se interessam e de se focar em atividades simples. A lógica do autor é: **uma mente envolta em tantos dados não tem condições de subir à superfície para avaliar onde está e o que quer.**

Vamos afundando, com hábitos do tipo "sobrou um tempinho, vou conferir se alguém curtiu ou comentou minha última foto", e não temos força de vontade para subir à superfície. Não conseguimos reservar um momento no final da tarde ou logo após o almoço para conferir as redes sociais. Não! Elas são usadas a qualquer tempo "que sobra" para mergulhar em uma tela, sem voltar à superfície.

A rede tem nos emburrecido e limitado nossa capacidade de fuga, e o pior de tudo isso é que entramos nessa condição por vontade própria. **Trocamos momentos da vida real, o olho no olho, o tempo sem fazer nada, o falar, o rir, o escutar, o chorar, o abraçar ou mesmo um momento de leitura – inclusive, parabéns por estar lendo este livro! – por momentos de distração em redes e aplicativos.**

Tenha consciência disto: **não conseguimos mais dar atenção àquilo que queremos e como queremos, e isso é justamente deixar de perceber os acontecimentos da vida na primeira parte da equação.**

Pense sobre a seguinte situação: você se dedica a estudar um pouco todos os dias pela manhã ou a praticar algum tipo de exercício físico. Mantém o celular do lado porque tem medo de que algo aconteça, em especial com sua família, e aí tudo começa a ruir. Justo quando deveria concentrar-se na ampliação de conhecimento ou no condicionamento físico, você será distraído por notificações de mensagens e outros sons e textos que vão simplesmente "pipocar" na tela do celular. E, se você parar para conferir o aparelho uma única vez, seu foco vai por água abaixo.

A internet é como uma sombra permanente atrás de todos nós. A todo instante, pensamos em ler algo na tela do celular ou do computador. Ela sempre está ali, nos incomodando, pois achamos que estamos perdendo alguma coisa se não estivermos conectados. Você até pode ter a ilusória ideia de que é uma pessoa multitarefa porque a tecnologia assim permite, mas **saiba que, na verdade, está apenas alternando entre uma tarefa e outra.**

Não existe ser humano multitarefa; nós não somos multiprocessadores de última geração. Lidar com várias demandas e informações ao mesmo tempo só diminui a qualidade do trabalho; você tende a ficar estressado e a perder muito mais tempo porque a energia necessária nesse vai e volta é grande.

Tudo bem que nosso cérebro sempre esteve sujeito a distrações. É uma limitação da nossa mente, desde nossos antepassados, **mas a tecnologia moderna assaltou nosso cérebro ancestral de modo arrebatador com a internet, as mídias sociais e os smartphones.**

O livro *The Distracted Mind* [A mente distraída, em tradução livre],[21] de Adam Gazzaley, professor no departamento

---

[21] GAZZALEY, A.; ROSEN, L. D. **The distracted mind**: ancient brains in a high-tech world. Massachusetts: The MIT Press, 2016.

de Neurologia, Fisiologia e Psiquiatria da Universidade da Califórnia, e Larry D. Rosen, professor emérito de Psicologia da Universidade do Estado da Califórnia, é uma obra e tanto para explicar que estamos realmente em um mundo que não é nosso. O livro explora os nossos desafios frente à exigência de alto engajamento, de atenção – logo dos grandes distraídos do universo. Uma vez que o mundo está cada vez mais saturado de informações, com uma avalanche de smartphones, pop-ups, chats, e-mails, redes sociais, videogames, surge a crescente expectativa de estar disponível 24 horas por dia durante os 365 dias do ano e de resposta imediata para tudo. É uma demanda impossível de ser atendida.

Existe até uma espécie de distúrbio contemporâneo, sendo ainda diagnosticado cientificamente, mas que serve como exemplo, que é a FoMO (*Fear of Missing Out*), ou "medo de estar perdendo algo". Essa situação leva a pessoa a estar em constante estado de atenção na rede, olhando as redes sociais a cada três minutos por causa do medo irreal de perder algo. **Algumas pessoas acordam de madrugada para verificar mensagens, enquanto outras simplesmente decidiram viver isoladas, sem amigos, parceiros e família porque a vida conectada não comporta relacionamentos diretos, pessoais.**

Em decorrência disso, estamos nos afastando do direito de parar por alguns instantes e avaliar as possibilidades. Nossa paciência para a espera tem diminuído. É chato esperar, é ruim ouvir alguém por mais de três minutos e, cada vez que surge a necessidade de aguardar por algo ou alguém, a tela do celular é a salvação. Observe uma fila: a todo instante alguém dá uma olhada rápida no celular, como se esperasse receber uma informação bombástica. Não gostamos, sobretudo, da lerdeza da vida. Certa vez, um garoto de 15 anos disse ao Astromar que, apesar de amar o avô, não o suportava mais porque era lento demais. O jovem não tinha paciência e deixaria de conviver com o avô. A que estágio chegamos!

O que vimos até então corrói a capacidade do ócio. O sociólogo italiano Domênico De Masi é um defensor do ócio como poder de criatividade e reinvenção do ser humano. Em um dos seus livros, *O ócio criativo*, ele conta uma história: "Todo dia pela manhã, na África, uma gazela acorda e sabe que terá de correr muito mais do que o leão se quiser manter-se viva. Todo dia pela manhã, na África, um leão acorda e sabe que terá de correr mais do que a gazela se quiser se manter vivo."[22]

Ele completa que os apologistas dessa condição estão destruindo o nosso mundo porque fazem com que sejamos animais sempre em luta pela sobrevivência. Do ponto de vista dos animais, isso até pode fazer sentido, mas transferir essa lógica opressora para a vida do homem é transformá-lo naquilo que ele não é. E, no caso digital, o homem não é um computador. O homem precisa do ócio, precisa do tempo para nutrir e desenvolver a atenção plena, o poder de perceber o que há de bom na primeira parte da equação.

---

[22] DE MASI, D. **O ócio criativo**. Rio de Janeiro: Sextante, 2004.

> Estima-se que a depressão é cerca de dez vezes mais comum agora do que há cinquenta anos.[23]
>
> MARTIN SELIGMAN

---

23 SELIGMAN, M. **Flourish**. New York: Simon & Schuster, 2011.

A normalização dessa condição é outro problema. **Como sofremos com constantes interrupções de distrações, levando em conta que, é claro, são essas tecnologias que nos interrompem, passamos a considerar normal que nada se concretize de fato.** Para provar isso, basta buscar na memória quantos projetos já criamos porque estávamos empolgados com algo que lemos na rede, mas depois não levamos adiante.

LADRÕES DE TEMPO E ATENÇÃO

"99% NÃO É UMA DROGA; 100% É UMA BRISA." JACK CANFIELD[24]

Esse parece um conceito muito simples, mas você ficará surpreso com o número de pessoas que acordam todos os dias e brigam consigo mesmas na indecisão de manter ou não seus compromissos, seguir suas disciplinas ou pôr os planos em prática.

As pessoas de sucesso *sempre* aderem à regra de "sem exceções" quando se trata de suas disciplinas diárias. Compromisso feito. Caso encerrado. Por exemplo, quando você está 100% comprometido com a disciplina, a vida é fácil, porque suas decisões já foram tomadas por você. No entanto,

---

[24] CANFIELD, J.; SWITZER, J. **Os princípios do sucesso**. Lisboa: Marcador Editora, 2017.

se você estiver apenas 99% comprometido, essa diferença de 1% se infiltra e rouba seu foco e sua energia e, então, diminui o ritmo ou atrapalha por completo o seu sucesso.

Agora imagine: existe um equipamento com aplicativos desenvolvidos por especialistas de uma indústria de bilhões de dólares focada única e exclusivamente em roubar sua atenção. A brincadeira começa a ficar mais difícil. Todos os aplicativos da primeira tela do seu celular provavelmente são fabricados por empresas que valem bilhões de dólares justamente porque conseguiram sua atenção, por isso estão lá.

O fato é: o digital acelera a mente, causa ansiedade, rouba bons momentos e gera em nós todo tipo de expectativa e comparação social. Você pode, por favor, ler novamente essa frase para ter certeza de que a entendeu? Essa compreensão já é o primeiro grande passo para, ao longo deste livro, podermos ajudar você a romper com esse padrão e a ser mais feliz na sua jornada, sempre com a decisão de ser feliz no agora.

Lembre-se de que o ser humano não é multitarefa, o que conseguimos é alternar tarefas. Não temos processadores paralelos como os computadores. Nossa mente possui duas habilidades de controle cognitivo que estamos ignorando por conta das redes sociais:

* **Pausa:** somos o único animal dotado da capacidade consciente de pausar ante a um estímulo. Podemos refletir e agir de modo coerente. No

entanto, nos dias atuais, os piores conflitos têm origem nas redes sociais, pois ninguém mais pensa para falar;

* **Equilíbrio mental:** a mente consegue estabelecer graus de atenção para tarefas mais ou menos importantes. Não é à toa que oscilamos muito diante de situações que nos levarão para frente e, em outras, ignoramos e fingimos que não é conosco. Nós, seres humanos, temos a habilidade inata de ter o controle do nível de importância e atenção que damos para determinado fato, mas a tecnologia tem-nos feito regredir, nos fazendo dar atenção ao que, em condições normais, não teria importância.

SAINDO DA CÚPULA VIRTUAL E FICANDO MAIS NA PRIMEIRA PARTE DA EQUAÇÃO

Precisamos controlar essas "forças" que vêm do digital, e **o cenário que desenhamos até agora tem uma razão: a sua habilidade de escolher onde e por quanto tempo colocar sua atenção é o mais importante atributo para ser feliz**. Em outras palavras, ou você decide se focar nos acontecimentos reais da sua vida, ou viverá de falsas expectativas e correrá um enorme risco de não ser feliz aderindo cegamente à essa condição virtual.

Duas habilidades que desafiam a economia são: dominar a arte de lidar com tarefas difíceis e ter alto nível de rendimento – tanto em qualidade quanto em velocidade. Mas como alcançar esse ideal se sabemos que não é possível desistir do mundo digital?

Por meio da nossa própria experiência e buscando ajuda em alguns nomes que hoje oferecem soluções muito viáveis. Um deles é Calvin Newport – professor associado de ciência da computação da Universidade de Georgetown, nos Estados Unidos, e autor de cinco livros de autoaperfeiçoamento. Ao trabalhar justamente com a questão das multitarefas presentes no cotidiano do homem digitalizado, ele chegou à seguinte equação:[25]

$$\boxed{\text{PRODUÇÃO DE TRABALHO DE QUALIDADE}} = \boxed{\text{TEMPO GASTO} \times \text{INTENSIDADE DE FOCO}}$$

Isso é, não adianta gastar tempo se não houver foco. Se você se focar mais em uma única tarefa, o tempo gasto será menor e, portanto, a tendência é finalizá-la com mais facilidade e qualidade. Assim deve ser para cada atividade. O problema é que... bem, você já sabe. As pessoas estão fazendo o contrário, achando que podem diminuir o tempo das atividades realizando mil ao mesmo tempo.

---

[25] JUNIOR CORDEIRO, I. Alta Qualidade do Trabalho Produzido = Tempo Gasto x Intensidade de Foco. **LinkedIn**, 14 jun. 2021. Disponível em: https://www.linkedin.com/pulse/alta-qualidade-do-trabalho-produzido-tempo-gasto-x-de-ivan/?originalSubdomain=pt. Acesso em: 13 ago. 2022.

Calvin oferece um conjunto de duas atitudes para que o trabalho renda da maneira que o mercado espera. Não é eliminar a tecnologia, mas render-se, primeiro, a uma condição de isolamento humano necessário e, depois, compreender que 99% do conteúdo circulante nas telas são desnecessários para sua vida.

Esse conjunto de técnicas começa por estabelecer rituais e rotinas de trabalho e, ao mesmo tempo, eliminar distrações como celulares e objetos luminosos ou barulhentos nos momentos de maior concentração, como uma reunião. Hoje, é muito legal a ideia de ter uma caixa na entrada das salas de reuniões para deixar o celular. E, se for uma reunião virtual, usando o próprio celular, tente um aplicativo ou desligue outras funções que não permitam o recebimento de outra ligação ou mensagem no meio da reunião e que roube seu foco.

Além disso, é fundamental buscar períodos de isolamento para que o cérebro pense um pouco naquilo que está fazendo. É a técnica do *time block*: **bloquear parte do tempo para aquilo que realmente precisa ser feito, mantendo-se firme quanto a isso**. Experimente fazer um *time block*, por exemplo, na segunda-feira à tarde, para uma atividade que exija concentração, como planejar um novo projeto. Ou, quem sabe, um *time block* para uma reunião com a equipe de vendas, na qual você dará plena atenção aos detalhes, a como tratam os clientes e ao novo sistema de CRM implementado.

Ou, ainda, o que acha de um *time block* na vida pessoal? Que tal toda quarta-feira à noite decidir que será totalmente dos seus filhos, largando seu celular no armário para comerem fora qualquer bobeira, assistirem a um filme ou jogarem um jogo de tabuleiro? Tenho certeza de que esse será o melhor dia da semana para os seus filhos. Pare de fingir que está de fato com eles toda noite ou nos fins de semana. É melhor ter um *time block* bem-feito, estando completamente presente, do que passar o tempo todo apenas 99% (ou menos que isso) comprometido!

Desde 2014, como representantes oficiais do Treinamento O Monge e O Executivo no Brasil, treinamos milhares de executivos, donas de casa, funcionários públicos, autônomos, empresários, mães e pais para melhorarem sua liderança. Por observarmos a experiência de tantos homens e mulheres de todo o país, nos sentimos aptos a lhe sugerir algo que o fará viver melhor: **alterne em seu dia fases em que é um monge com momentos em que é executivo.** A maioria das pessoas que chega para o treinamento está desequilibrada, focando-se no lado executivo em detrimento do monge e, no meio do caminho, perdeu sua essência, a capacidade de ser feliz nos pequenos momentos do dia.

A fuga para a internet toda vez que algo nos aborrece impede de termos contato com a vida real e, às vezes, com situações engrandecedoras. Certa vez, Neder foi a uma borracharia e, chegando lá, percebeu que não levara o celular. Após alguns momentos de apreensão, começou a ouvir uma boa música. Depois, foi conversar com o borracheiro, um homem simples, mas com uma história de vida lindíssima. Ele era dono da borracharia, no mesmo local havia mais de quarenta anos, formou dois filhos na faculdade e conquistou muitas coisas na vida. Foi surpreendente saber que aquele homem conhecia o avô de Neder e já tinha trocado vários pneus para ele. Neder teria perdido a oportunidade de saber disso tudo se tivesse passado aquele tempo vendo os mesmos perfis e amenidades nas redes sociais. **Aprenda, portanto, a abraçar a chatice.**

Aliás, felizes são aqueles que conseguem se libertar da "obrigação" de consultar as redes sociais o tempo todo. Por que não as olhar somente à noite? Tenha consciência de que nada de muito importante virá de uma postagem no Instagram ou de um vídeo brilhante do TikTok. Aliás, dali, só sairão dor e irritação. Por que não eliminar de vez as redes sociais de sua vida? Faça um detox delas de vez em quando. Passe um tempo longe delas e sentirá muito mais prazer, porque não há nada mais raso do que a vida digital.

DORMIR E ACORDAR

A dica é poderosa: durma e acorde off-line.

Após um dia completo de muitas atividades, aborrecimentos, diversões, conquistas e perdas, chegou a hora de descansar. Mas você descansa mesmo?

Precisamos vez ou outra desligar complemente e restaurar o sistema. Lembre-se de que, quando você não está trabalhando, é importante realmente não trabalhar! Costumamos gastar energia ao prever ações, programar situações, criar discussões imaginárias, resolver problemas a distância que não serão resolvidos a distância. **Mente calma é não permitir bombardeamento de estímulos. A mente precisa ser blindada, com você se dando ao luxo de somente pairar sobre o universo, ouvir mais a voz de Deus e ter mais paz**. E antes de dormir, adote a prática do pôr do sol digital.

Os sonos mais restauradores são aqueles que estão longe dos aparatos tecnológicos. Desse modo, colocar o celular como despertador é dormir com uma serpente ao seu lado. Tente uma técnica bem fácil: deixe o aparelho em outro cômodo pelo menos uma hora antes do horário em que você deseja dormir, a fim de que sua mente desacelere.

Muitos reclamam que têm dificuldade para dormir e mal sabem que o problema pode estar relacionado ao uso do celular; mais especificamente à luz azul emitida pela tela do aparelho. Isso mesmo: a luz azul impede que o organismo produza melanina, o hormônio do sono. Portanto, deixe o aparelho longe um tempo antes de dormir e, para despertar, use uma invenção feita para isso: o despertador tradicional.[26]

Aproveite esse tempo sem celular para um jantar com a família, ler um livro, conversar, jogar, brincar com os filhos, fazer tanta coisa boa que parece não caber dentro do seu dia. Quem sabe você até não experimente um "pôr do sol digital" ainda mais perto do pôr do sol real?

---

[26] WALKER, M. **Why we sleep**: unlocking the power of sleep and dream. Nova York: Scribner Book Company, 2018.

Lembre-se de que, quando você não está trabalhando, é importante realmente não trabalhar!

Ao acordar, não acesse de imediato o celular. Lembre-se de que alguém pode ter tentado conversar com você de madrugada ou feito alguma pergunta que o tirará do sério logo cedo.

Adote um ritual pela manhã. Deixe a mente acordar aos poucos e visualize o dia, planeje ações e mentalize positivamente. Lembre-se do método Manhãs Poderosas, que Neder apresenta em seu livro de mesmo nome.[27] Nele, é sugerido que primeiro você se conecte consigo mesmo, com o essencial, realizando os três passos do método: primeiro, aliviar fisicamente os pontos de tensão do corpo com a técnica de acupressão (ou *tapping*); depois, praticar um tempo de silêncio e conexão por meio da meditação; e, por último, fazer um diário de gratidão e foco do dia.

Decida cuidar de você primeiro e só pegue o celular depois da sua disciplina matinal, do seu momento de gratidão, da sua meditação, do seu exercício, da sua oração. **Um ritual matinal de calma e paz o ajuda a começar melhor o trabalho. É um tempo apenas seu. Recomendamos essa prática a muitas pessoas, certos de que o foco interior ao acordar determinará como será o dia delas em termos de felicidade e bem-estar.**

Por meio da técnica Manhãs Poderosas, ou de tantas outras que incluem meditação ou oração matinal, você terá, todo início de dia, a oportunidade de perceber o seu agora,

---

[27] IZAAC, N. **Manhãs poderosas**: 25 minutos de hábitos matinais que vão transformar sua vida. São Paulo: Gente, 2019.

buscar sua essência, a fim de se conectar com seu propósito, com as pequenas coisas que importam.

Energizados e conectados com nossa essência, temos mais força para enfrentar o dia, conferindo mais importância à primeira parte da equação da felicidade e evitando as distrações digitais ao longo do caminho.

PARTE 2

FELICIDADE NÃO É UM LUGAR AONDE SE CHEGA, MAS A FORMA COMO SE VAI

SEJA DILIGENTE, PERSISTENTE E PACIENTE,
E SERÁ OBRIGATORIAMENTE FELIZ.

CAPÍTULO 4
O REENCONTRO

A Universidade Harvard, no estado de Massachusetts, Estados Unidos, uma das mais prestigiadas unidades de Ensino Superior do mundo, tem um professor mundialmente famoso. Não pelo prestígio acadêmico, mas por ensinar pessoas como eu e você a serem felizes. Seu nome é Tal Ben-Shahar, e ele defende que não há uma fórmula secreta para a felicidade, mas cinco passos para (re)conquistá-la.[28] Para o professor, a felicidade não é um estado binário. Assim, não podemos afirmar se somos felizes ou não. Não escolhemos ser felizes. Decidimos ser felizes! A felicidade, portanto, não é alcançar um fim, mas viver o caminho.

Antes de buscar ser feliz, porém, é preciso entender melhor o conceito de felicidade. **A felicidade implica um estado de espírito positivo no presente e uma**

---

[28] BEN-SHAHAR, T. *op. cit.*

perspectiva positiva para o futuro. É isso o que pensa o psicólogo positivista de Harvard, Shawn Achor, que já esteve em mais de quarenta países falando sobre o assunto. "Para mim, felicidade é a alegria que sentimos quando buscamos atingir nosso pleno potencial",[29] defende o estudioso. Não é simplesmente um prazer momentâneo, um contentamento ou uma bênção.

O psicólogo Martin Seligman, pioneiro da psicologia positiva, segmentou a felicidade em três componentes mensuráveis: prazer, envolvimento e senso de propósito. Isso significa que, para sermos felizes, devemos buscar emoções positivas visando os prazeres na vida, conviver uns com os outros, envolver-nos com pessoas e, acima de tudo, estabelecer um propósito ou uma meta maior, uma missão de vida.[30]

A pesquisadora da Universidade da Carolina do Norte em Chapel Hill, Barbara Fredrickson, descreve as dez emoções positivas mais comuns. São elas: alegria, gratidão, serenidade, interesse, esperança, orgulho, diversão, inspiração, maravilhamento e amor. Basta pensar poucos segundos sobre elas para concordar que, de fato, qualquer uma dessas emoções nos fazem felizes. Cabe a nós, ao longo da vida, termos essa perspectiva durante a rotina dentro de casa, no trabalho, com a família e entre os amigos.[31]

---

[29] ACHOR, S. **O jeito Harvard de ser feliz**. São Paulo: Saraiva, 2012.
[30] SELIGMAN, M. **Florescer**. São Paulo: Companhia das Letras, 2011.
[31] FREDRICKSON, B. L. **Positivity**. Nova York: Crown Publishers, 2009.

O REENCONTRO

FELICIDADE COMO CAMINHO

Independentemente do nosso estado de desencontro ou falta de sentido, a solução para continuarmos caminhando passa pelo equilíbrio em nossa vida de dois lados:

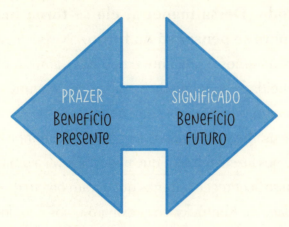

Ou seja: trocamos o prazer futuro pelas maravilhas da vida presente e entendemos que, sendo felizes agora, temos a certeza de uma vida melhor lá na frente. Você escolhe o que é prazer, mas não deve mensurá-lo com base em grandes situações ou em bens materiais, como veremos mais adiante. Um singelo café da manhã com os filhos pode render alta satisfação. Assim como um sorriso ou um abraço. O prazer pelo prazer ou o hedonismo exacerbado são perigosos porque nos cegam e não nos permitem trilhar uma estratégia de futuro.

Todo processo depende da sua decisão de ser feliz, de buscar, de realizar, de construir. Temos falado muito em decisão; é preciso decidir ser feliz e cuidar primeiro de sua saúde física, mental, emocional, espiritual. Mas como? Com hábitos que reforcem, na rotina, todas essas emoções positivas. Muitas vezes, sem o entendimento de que podemos tirar benefícios do presente e do futuro, **caímos na armadilha de achar que a nossa felicidade está no outro, em objetos ou situações com os quais sonhamos o tempo todo. Dessa maneira, ela se torna inatingível ou algo para se pensar só no futuro**. Nessa cegueira utópica, massacramos o presente e não nos damos a chance de viver a felicidade ao longo da estrada que estamos trilhando. É injusto com nós mesmos, não acha?

Ter pensamentos positivos enquanto se caminha é uma das ações que nos fazem felizes e que pode até levar a uma vida mais longeva. Isso aconteceu a freiras que foram objeto de estudo da Universidade do Kentucky, em Lexington, nos Estados Unidos. A pesquisa[32] avaliou os diários de 180 freiras católicas, escritos quando elas tinham aproximadamente 20 anos. O resultado: as irmãs consagradas que, mesmo diante de problemas, se mantiveram otimistas tiveram uma vida mais longa que as que manifestaram insatisfação ou reclamações em seus diários. Ou seja, a positividade influenciou como e por quanto tempo viveram. Desejamos a mesma longevidade para nós, certo?

Perceba como é importante trabalhar a dimensão do tempo em nossa vida. Não podemos ignorar que existem três tempos: passado, presente e futuro. O seu passado não é o seu futuro, e a amargura do presente não pode roubar a esperança

---

[32] DANNER, D. D.; SNOWDON, D. A.; FRIESEN, W. V. **Positive emotions in early life and longevity**: findings from the nun study. Disponível em: https://www.apa.org/pubs/journals/releases/psp805804.pdf. Acesso em: 1 ago. 2022.

de um tempo que ainda não chegou. Os tempos são distintos, e a sua satisfação quanto a eles também. Ter muitos prazeres imediatos e fugazes no presente, depois de um amargo passado, não define um futuro de realizações pessoais. Da mesma maneira, **a nostalgia eterna nos faz mal, afinal as coisas hoje podem ser diferentes e melhores que o passado. Tem muita gente colocando o ontem em um pedestal e esquecendo-se de ser feliz durante a jornada atual.**

Percebemos essa verdade ao realizarmos trabalhos em casas de recuperação de dependentes químicos na região de Presidente Prudente, interior do estado de São Paulo. Todos aqueles que viviam culpando o passado e condenando o futuro à infelicidade em virtude dos erros já cometidos tinham muita dificuldade na ressocialização. Os que romperam definitivamente com o passado conseguiram se recuperar.

Precisamos parar de levar adiante a ignorante ideia de que o passado é o que define o futuro. **Um erro na vida não pode significar uma vida no erro. As pegadas no caminho são importantes e únicas, geram experiência e nos dão mais firmeza para continuar o percurso, mas não se joga toda uma vida fora por um ou poucos deslizes.**

CONTINUAR CAMINHANDO COM METAS E ESPERANÇA

Você anda sem ânimo? Não consegue pular da cama e agitar o seu dia? Talvez a causa seja o foco exagerado no passado, o que faz você perder a vontade de ter novos sonhos, novos projetos. É essencial ter uma visão de, ao menos, dois anos à frente. Precisamos acreditar que o futuro será melhor do que o presente, manter metas e agir no hoje para alcançá-las no tempo desejado. E precisamos acreditar que somos capazes de realizar o que for necessário para que isso aconteça enquanto caminhamos.

E como conseguiremos isso? Com o que os cientistas da felicidade chamam de "entusiasmo": com a alegria da alma, disposição. E ela "cai do céu"? Obviamente, não; você precisa criar hábitos que lhe permitam renovar a esperança e a coragem todas as manhãs. A ciência afirma que essas são as duas virtudes mais correlacionadas ao crescimento pessoal, a quem você se tornará.[33]

Imagine que haja um elástico ao redor das suas mãos. A princípio ele está frouxo; mas então você começa a afastar as mãos, e o elástico estica tanto que arrebenta. A cena o agoniou? Assim também pode ser a vida: quando não se tem um objetivo, uma visão de longo prazo, um plano, ela fica frouxa. No entanto, se você imprimir grande velocidade e intensidade, ela pode não aguentar e arrebentar. **O ideal, portanto, é viver em uma zona de tensão controlada, como se o elástico não estivesse frouxo, mas esticado com uma tensão mediana**, em que conseguimos, ao mesmo tempo, nos manter ativos e com certa estabilidade emocional.

---

[33] SABATER, V. **As pessoas são feitas de coragem e esperança**. A mente é maravilhosa, 15 nov. 2021. Disponível em: https://amenteemaravilhosa.com.br/pessoas-coragem-e-esperanca/. Acesso em: 13 ago. 2022.

> Seu passado não é o seu futuro.[34]
>
> TONY ROBBINS

---

34 ROBBINS, T. **Poder sem limites**. Rio de Janeiro: BestSeller, 2017.

A vida carece de metas do tamanho adequado. As metas pequenas não motivam e as inalcançáveis podem nos frustrar. Correr uma meia maratona de 21 quilômetros sem preparo pode causar lesões graves. Assim, é necessário tomar cuidado para não criar uma expectativa para além do atingível.

Só é possível realizar mais quando se acredita que é possível fazer mais. E daí surge **o conceito de meta: é o motivo que nos tensiona a ir além, mas sempre curtindo o caminho e crescendo como seres humanos.**

A FELICIDADE É ALGO MAIOR QUE NÓS MESMOS

Eudaimonia é o termo usado pelo filósofo grego Aristóteles para definir algo muito maior que a própria pessoa e que se aproxima do conceito de felicidade. Aristóteles, aliás, entendia que a vida do homem tinha de ser boa, justa e feliz e, para tanto, era necessário um encontro permanente entre a alma e as virtudes de longo prazo com as ações do presente.[35]

Para entender como ativar nossas superpotências, é sempre importante avaliar as histórias de alguns atletas de alto rendimento. Essas pessoas adoram a sensação de se esforçar ao máximo nos esportes que praticam. São viciadas na sensação presente, em manter o foco na performance.

---

[35] ARISTÓTELES. **Ética a Nicômaco**. São Paulo: Principis, 2021.

O REENCONTRO

Essa atitude é a causa da melhora do rendimento deles. Eles dão o melhor de si no presente ao saírem da zona de conforto. São pequenas disciplinas praticadas diariamente, ou 1% melhor a cada dia. Esses atletas descobriram como obter gratificação instantânea ao realizar as mesmas coisas que os fazem evoluir.

E se pudéssemos fazer com que as coisas mais agradáveis que realizamos sejam as que levam à nossa evolução? E se conseguíssemos nos manter focados e visando alta performance enquanto nos tornamos uma melhor versão de nós mesmos? Eudaimonia!

Quem entende bem de sentido da vida é o psiquiatra austríaco Viktor Frankl, um judeu que viveu em um campo de concentração nazista. Durante três anos, conseguiu manter a sanidade mental mesmo passando por trabalhos forçados, alimentação ruim, doenças, insalubridade, ameaças de morte e, principalmente, vendo seus companheiros de campo, um a um, tirando a própria vida por conta da dor e desesperança.

Quando foi libertado do campo de concentração, Frankl reuniu todo o conhecimento científico que tinha antes de ser preso e toda a sua experiência naquele horror e, em nove dias, escreveu a famosa obra *Em busca de sentido*.[36] Nela, o psiquiatra fala sobre encontrar significado a despeito das experiências, sejam elas boas ou não. Em outras palavras, o médico entende que nós, seres humanos dotados de inteligência sem igual,

---

[36] FRANKL, V. E. **Em busca de sentido**: um psicólogo no campo de concentração. Petrópolis: Vozes, 2021.

temos uma liberdade singular que deve ser acessada quando vivenciamos uma circunstância ruim: a capacidade de escolha.

O pensamento de Frankl, apesar de simples, joga para nós a responsabilidade de escolhermos como vamos responder aos acontecimentos, bons ou ruins. Assim, a nossa resposta e o que aprendemos com a situação são o que mais importa. Ser feliz e bem-sucedido é consequência de um trabalho desinteressado em algo maior que nós mesmos.

Nesse trabalho intenso (e também necessário) de escolher a felicidade, temos de quebrar o estereótipo de que as pessoas são felizes porque são bem pagas, casadas, saudáveis, jovens, instruídas e religiosas. O externo não garante a plena felicidade. É preciso atenção às circunstâncias internas. Prova disso são as celebridades que, mesmo com fama, dinheiro, relacionamentos e conhecimento, sentem um vazio existencial. Elvis Presley, por exemplo, não escondia da família sua dificuldade para relaxar e aproveitar o sucesso do auge da carreira. Morreu aos 42 anos, em 1977, após doses generosas de medicamentos para dormir.[37]

Um estudo realizado em 2014 pela Organização Mundial da Saúde[38] revela que países desenvolvidos, como Estados

---

[37] ELVIS Presley cometeu suicídio, diz viúva do astro em documentário. **Correio Braziliense**, 9 abr. 2018. Disponível em: https://www.correiobraziliense.com.br/app/noticia/diversao-e-arte/2018/04/09/interna_diversao_arte,672314/elvis-presley-cometeu-suicidio-diz-viuva-do-astro-em-documentario.shtml. Acesso em:13 ago. 2022.

[38] WORLD Health Organization. Preventing suicide: A Global Imperative. **WHO**, 2014. Disponível em: http://apps.who.int/iris/bitstream/handle/10665/131056/9789241564779_eng.pdf;jsessionid=B0D8DD535AA84064716EB8BBA46BD21C?sequence=1. Acesso em: 1 ago. 2022.

Unidos, Canadá, Dinamarca, Irlanda, Islândia e Suíça, ainda são líderes em casos de suicídio, a segunda principal causa de morte de jovens entre 15 e 29 anos no mundo. Uma das questões que mais chamam atenção é o paradoxo de que as maiores taxas de suicídio são registradas em países considerados "mais felizes", cuja população possui bens materiais em abundância, boa moradia, comida, roupa, carro e lazer, livre de privações e com autonomia para cuidar de si.

Felicidade não é um lugar aonde se chega, mas a forma como se vai. Assim, exercitemos as emoções positivas a cada passo do nosso percurso.

FELICIDADE É SERMOS UM POUCO MELHORES A CADA DIA

No livro *Parenting Champions* [Campeões na criação de filhos, em tradução livre], o autor Lanny Bassham apresenta pontos que pais deveriam estar a par quanto ao modo de agir dos filhos. Hoje em dia, os mais jovens estão se mostrando mais frágeis ao lidar com ofensas, bullying e críticas. Eles parecem, também, ter perdido o senso de competitividade. O conceito de "antifrágil", proposto por Nassim Nicholas Taleb em seu livro homônimo, nem sequer é conhecido por eles. E, mais ainda, nós adultos muitas vezes não entendemos que o importante não é conquistar o primeiro lugar, mas a pessoa que estamos nos tornando. Para líderes e pais, Bassham propõe a seguinte fórmula:

Porque quase tudo cai diante da morte, deixando apenas o que é importante. Não há razão para não seguir o seu coração.[39]

STEVE JOBS

---

39 LEIA o discurso de Jobs aos formandos de Stanford. **Terra** [s.d.]. Disponível em: https://www.terra.com.br/noticias/tecnologia/internet/leia-o-discurso-de-jobs-aos-formandos-de-stanford,bc38d882519ea310VgnCLD200000bbcceb0aRCRD.html. Acesso em: 9 set. 2022.

O REENCONTRO

> ATINGIR = CONQUISTAR + TORNAR-se

Muitos pensam que ser bem-sucedido limita-se a alcançar o lugar mais alto do pódio, a conquistar o cargo ou a carreira desejada, a casa ou o carro dos sonhos, a medalha de ouro em competições. Como pais, muitas vezes, somos os únicos a marcar presença nas arquibancadas da vida, assistindo ao primeiro jogo, ao primeiro teatrinho, à primeira apresentação. E não estamos preparados para ensinar aos nossos filhos a segunda parte da equação. Eles são frágeis, crescem com decepções atrás de decepções porque falhamos em mostrar-lhes que tão importante quanto conquistar é tornar-se melhor.

Não existe pessoa forte com passado fácil.

Na Olimpíada de Tóquio, que chegou a ser adiada devido à pandemia de covid-19, observamos que tanto os medalhistas quanto os derrotados tinham o mesmo discurso: "Treinei o máximo que pude, mas, nesse último ano atípico, consegui também parar para umas férias. Durante essa pausa, entendi que o importante é quem estou me tornando como atleta e como pessoa". Quedas e perdas nos preparam para a vida, transformando-nos em pessoas com mais propósito.

Sim, a decisão de focar o caminho (tornar-se) em detrimento do resultado (conquista) forma um processo não lógico que depende da coragem de caminhar no escuro, mas no qual temos de acreditar. Se pensarmos bem, **todas as grandes decisões são tomadas quando não há outra**

possibilidade senão mudar. A coragem é o que nos torna capazes de tomar uma decisão e mudar tudo quanto nos impede de seguir adiante.

REENCONTRO

> "Se alguém lhe oferece uma oportunidade excepcional, mas você não tem certeza de que dá conta do recado, aceite e vá aprender como fazer." RICHARD BRANSON[40]

No início da pandemia de covid-19, em 2020, quando todos estavam temerosos e fechados em casa, um homem com brilho nos olhos entrou no escritório do Neder falando que, depois de várias experiências de negócios, ele finalmente decidira unir tecnologia a uma atividade que amava e desempenhara a vida inteira. Não estava nada certo, ele tinha apenas um logotipo desenhado e um propósito: oferecer uma solução imobiliária para tantas pessoas que perdiam sua moradia devido a dívidas ou um passado financeiro imperfeito. A incerteza era grande, mas o propósito do homem era tão forte que Neder sentiu um chamado no seu coração para iniciar o que seria seu décimo primeiro CNPJ.

---

[40] BRANSON, R. If somebody offers you an amazing opportunity but you are not sure you can do it, say yes – then learn how to do it later! [s.l.], 24 jan. 2018. **Twitter**: @richardbranson. Disponível em: https://twitter.com/richardbranson/status/956207537493364738>. Acesso em: 1 ago. 2022.

O REENCONTRO

Quando vivemos com entusiasmo, unidos a um forte senso de propósito, percebemos as oportunidades que a vida nos dá e, com coragem, enfrentamos o desconhecido.

A empresa se chama Rooftop e, em pouco mais de dois anos, está no caminho de ser uma proptech de sucesso no Brasil, ajudando várias famílias a manter suas casas. O prazer está no agora, em construir um negócio imobiliário único em um mercado sedento por essa solução e com elementos visando um significado futuro. Para chegar a esse ponto, porém, foi necessário dar um salto no escuro, agir de modo resiliente e persistente, focando-se no dia a dia.

O equilíbrio entre viver o presente, com hábitos saudáveis e buscando a felicidade, e a esperança em um futuro melhor e com mais propósito é a base do *reencontro*.

Antes de tudo, é preciso ter fé para tomar uma decisão. Acreditar que você vai fazer algo porque isso o sustenta. É o que orienta Brian Johnson com o conceito de *entheos*, que significa "estar em Deus".[41] Quando vivemos o nosso propósito, estamos iluminando o mundo e, ao iluminar o mundo, estamos *entheos*! Essa é uma dimensão espiritual que nos faz não apenas acreditar em uma força superior, mas ser parte dela. Para o filósofo, independentemente de como denominamos essa força, a nossa meta maior – o propósito – tem a ver com o quanto Deus se permite fluir em nós durante a nossa jornada na Terra.

---

[41] JOHNSON, B. **A philosopher's notes**: on optimal living, creating an authentically awesome life and other such goodness. San Diego: en*theos Enterprises, 2014.

Nunca tive nenhum medo, nenhum medo de errar. Se eu errar uma cesta, e daí?[42]

MICHAEL JORDAN

---

42 JORDAN, M. **Michael Jordan**. Rio de Janeiro: Sextante, 2009.

O REENCONTRO

Ao considerar essa expressão de Deus em nós, notamos uma metáfora interessante. Hoje, será que somos a lâmpada que leva a luz para as pessoas ou a própria luz que passa por essa lâmpada? Isso é: somos ou não uma lâmpada sendo usada por Deus para iluminar as pessoas? Se a resposta for "sim", significa que somos a presença do próprio Deus no mundo. Mas tudo bem se não se não nos sentirmos assim o tempo todo. Talvez nossa luz seja de 20 watts ainda, mas que tal pensarmos em 1000 watts? Quanto e por quanto tempo ela vai brilhar? Nossa proposta com o *entheos*, com Deus em nós, é deixar essa luz brilhar o tempo todo. Que tal?

Para ajudá-lo a determinar o seu caminho, desenvolvemos uma ferramenta denominada EVF (Espiral Vá Feliz, ou Espiral da Felicidade). Ela começa com a base presente, visando adotar atitudes do dia a dia a serem realizadas com disciplina em uma rotina de felicidade. Tal fundamento será construído em três grandes áreas da vida nos três próximos capítulos: energia, trabalho e amor.

Entendemos que se todos os dias cuidarmos um pouco da nossa energia (bom sono, exercícios, oração), do nosso trabalho (impossível ser feliz sem ser realizado profissionalmente) e do amor (momentos diários de conexão com quem amamos), inevitavelmente seremos felizes.

Com a base pronta, a última parte da ferramenta, no Capítulo 8, consiste em trabalharmos o equilíbrio entre a **atenção no hoje e no que é essencial** na sua vida e **a esperança em um futuro de mais significado** para que você **vá feliz** e possa viver *entheos*, iluminando o mundo.

JÁ QUE TEM QUE IR, VÁ FELIZ!

CAPÍTULO 5
ENERGIA

Este capítulo não pretende oferecer uma receita pronta, mas um mapa mental para que você desenvolva o próprio sentido de felicidade. Aos poucos, é possível chegar a um caminho único, decidindo-se de fato ser feliz. O que propomos não é mágica nem que uma força do Universo de repente recaia sobre você. Aliás, o segredo está nesta palavra: "você".

Passamos muito tempo sem perceber que a felicidade mora em nós, e não lá fora. Não está no trabalho, no dinheiro, muito menos nos bens materiais. **Fomos programados para ser felizes! O que precisamos, no entanto, é descobrir como ativar essa condição, e a primeira atitude para isso é ter disciplina, porque não existe felicidade sem ação e sem consciência.** Ninguém "dá sorte" de ser feliz.

A seguinte história ilustra bem isso. John Robert Wooden foi técnico de basquete na Universidade da Califórnia, em Los Angeles, nos Estados Unidos. Por dez vezes, conquistou o campeonato nacional da Associação Atlética Universitária Nacional (NCAA, na sigla em inglês), a mais importante liga do país. O time que ele treinava, o UCLA Bruins, venceu incríveis 88 jogos seguidos. Tudo isso fez de Wooden um dos maiores treinadores de todos os tempos, garantindo até mesmo uma vaga no Basketball Hall of Fame.[43]

Na verdade, essas informações são fáceis de encontrar, estão disponíveis na internet. O que não se fala muito é que Wooden levou dezesseis anos para conquistar o primeiro campeonato. Ou seja, durante dezesseis longos anos, o treinador desenvolveu, todos os dias, uma ação que originou seu estrondoso sucesso.

Ninguém espera que levemos dezesseis anos para conseguir algo, porém olhar para o caminho que levou Wooden a essa condição é um aprendizado. O técnico não tinha um ritual, mas disciplina, tanto em relação às questões mais simples quanto às mais complexas.

Todo início de temporada, por exemplo, em vez de treinar lances livres ou contra-ataque, ele começava ensinando os jogadores a vestir o par de meia. Isso mesmo: ele se sentava no vestiário e lhes mostrava que a meia deveria estar bem esticada, sem nenhuma ruga ou dobra, porque uma bolha no pé poderia significar de 20% a 40% de queda no rendimento de um jogador. Incrível!

---

[43] WOODEN, J.; JAMISON, S. **Wooden**: A lifetime of observations and reflections on and off the court. Nova York: McGraw-Hill Professional Publishing, 1997.

ENERGIA

Wooden sabia que se ganha um campeonato com uma base sólida, nos detalhes. Ele não conquistou os troféus por acaso, mas os perseguiu de maneira disciplinada, repetida e concentrada, elaborando grandes planos, sem descuidar do fundamental. Bem, é inevitável perguntar: suas meias estão confortáveis?

Ser mestre nos fundamentos da vida é o que gera sucesso. Quanto tempo isso levará depende de cada um. Para alguns, vai demorar; para outros, será mais rápido. Independentemente de qual seja a situação, sempre haverá a disciplina como denominador comum da felicidade.

Disciplina tem muito a ver com hábitos e rituais, pois eles garantem equilíbrio na busca constante por excelência. Muitos podem se lembrar do filme *Karatê Kid*, de 1984 (ou até da versão mais recente, de 2010), em que o mestre Miyagi ensinou caratê para seu pupilo com técnicas muito simples, mas repetidas à exaustão, como o fortalecimento dos punhos pintando cercas ou encerando carros.

O garoto quis, muitas vezes, desistir, porque não compreendia como encerar um veículo o faria ser campeão de caratê. É aí que está boa parte do problema. Temos o infeliz costume de não considerar todos os passos do caminho. **Queremos, muitas vezes, pular etapas e chegar logo ao destino. É difícil que as coisas deem certo assim, sem uma disciplina que contemple hábitos que, aos poucos, nos conduzem ao domínio de uma técnica, arte ou condição, como é a felicidade.**

Quais são os seus hábitos? Se analisar seus últimos dias, perceberá que mantém alguns bons hábitos, outros nem tanto e uma leva considerável de hábitos ruins. Já parou para pensar na causa de você ter tido um dia ótimo, por exemplo? É algo que aconteça por acaso, sem qualquer interferência sua ou foi você quem provocou isso? O hábito permite que tenhamos sempre uma fórmula de sucesso pronta para ser ativada. Por que abandonar hábitos bons se eles levam a coisas boas? Por que não começar a ter hábitos excelentes?

Certa vez, conhecemos um médico na cidade de Rondonópolis, no Mato Grosso. Ele morava em um condomínio luxuoso e possuía terrenos para construções. Em um sábado, pegou o filho para jogar bola em um desses terrenos. Reuniu outras crianças, montaram a trave, e a mágica começou: foi uma manhã poderosa!

Naquele dia, ele se questionou por que não costumava fazer aquilo com o filho. O médico percebeu a importância de cultivar o hábito de brincar com o menino. Chuteiras e meias sujas no campinho improvisado trouxeram muita alegria a ambos. Não foi preciso ir para um país distante nem mesmo comprar uma joia ou um carro. Não foi preciso gastar dinheiro. Entenda: somos responsáveis pela rotina do nosso dia a dia.

O caminho para a felicidade é cultivar bons hábitos, simples e agradáveis. Repeti-los garante que sempre teremos satisfação, sempre haverá uma recompensa. Pode ser jogar com o filho, manter o hábito de ler, caminhar, treinar, ir ao teatro ou simplesmente sentar dez minutos com suas crianças para saber como passaram o dia.

Além do próprio livro *Manhãs poderosas*,[44] existem duas obras que justificam o nosso engajamento na decisão por hábitos diários. Tanto o livro *Seja mais feliz*,[45] de Tal Ben-Shahar, quanto *Envolvimento total*,[46] de Tony Schwartz e James E. Loehr, ensinam fatores interessantes sobre o hábito, mas especialmente garantem que, uma vez iniciado, é difícil livrar-se dele. Já dizia o pensador: somos exatamente aquilo que fazemos repetidamente. Não é apenas um ato que gera a excelência, mas um conjunto repetido deles. Aliás, Tony Schwartz e James E. Loehr recorrem à autodisciplina e a comportamentos ritualizados que, com o tempo, nos levam a hábitos altamente eficazes.

Claro que as situações variam entre as pessoas, mas os rituais diários geram hábitos que dificilmente serão abandonados; afinal, eles nos fazem bem e nos deixam felizes. Sonja Lyubomirsky afirma que **40% de sua felicidade está sob seu poder de mudança** e de adotar um comportamento ritualizado.[47]

FUNDAMENTOS DA FELICIDADE

Os hábitos, junto com a disciplina dos rituais, nos ajudam a colocar sentido no mundo desesperado em que

---

[44] IZAAC, N. *op. cit.*

[45] BEN-SHAHAR, T. *op. cit.*

[46] SCHWARTZ, J.; LOEHR, J. E. **Envolvimento total**: gerenciando energia e não o tempo. São Paulo: Campus, 2003.

[47] LYUBOMIRSKY, S. *op. cit.*

vivemos. **Desde rotinas massacrantes do trabalho até insatisfações com amizades, relacionamentos amorosos e com o corpo, tudo concorre para nos tirar da centralidade da vida.** Por isso, voltar à nossa essência e ter disciplina é fundamental.

Sentir-se deprimido devido a situações que parecem "normais" ou que seriam, em tese, desejadas, tem se tornado rotineiro. Um exemplo comum é o de estudantes que entram em universidades muito concorridas, mas não conseguem acompanhar as aulas tamanha a pressão sofrida. Ou profissionais de alto rendimento que, de repente, descobrem que a vida passou rápido demais e se dão conta de que sequer têm noção se o filho sabe nadar. Ou, ainda, profissionais que viram a morte de frente porque deixaram de viver por conta do trabalho.

Arianna Huffington é uma escritora greco-americana, cofundadora do prestigioso site de notícia *The Huffington Post*, ao qual dedicou boa parte da vida. Dedicou-se tanto que, para ela, nada mais importava. Arianna voltou a trabalhar apenas vinte e cinco dias após ser mãe, deixando a filha aos cuidados de uma babá. Ela precisava manter o ritmo dos negócios.

Acordou um dia com a cabeça sangrando e sem saber exatamente o que havia acontecido. Ela tivera um descompasso com um grau elevado de estresse, com sintomas do que hoje é diagnosticado como síndrome de burnout. Até então, Arianna possuía três medidas de sucesso, nesta ordem: dinheiro, poder e felicidade. Era a única forma de ela se sentir plenamente satisfeita.

> Desempenho, saúde e felicidade são baseados na habilidade de gerenciar energia.[48]
>
> JIM LOEHR E TONY SCHWARTZ

---

[48] SCHWARTZ, T; LOEHR, J. **The power of full engagement**. New York: Free Press, 2003. Tradução livre.

Depois desse acontecimento, ela repensou essas medidas e escreveu o livro *A terceira medida do sucesso*,[49] no qual apresenta três fatores fundamentais para a felicidade que não têm nada a ver com dinheiro ou poder. Primeiro, para ela, é importante dormir bem, ter um sono restaurador e que gera bom humor; é impossível ser feliz dormindo pouco. Segundo, é preciso praticar exercício físico; pode ser uma boa caminhada, o que gerará mais bem-estar e bom humor. Por fim, a meditação é uma ótima aliada, que nos conduz à sabedoria e, consequentemente, à compreensão do estado de felicidade.

Resumindo: sono, caminhada e meditação. Parece fácil, não? E é mesmo. No entanto, devemos estar atentos, porque temos a mesma facilidade para fazer e deixar de fazer ações que muitas vezes são simples.

A seguir, sintetizamos algumas atitudes que merecem sua atenção e, sobretudo, a sua iniciativa para realizá-las. São ações simples que inserimos em nosso dia a dia que fazem toda a diferença e que revolucionam nosso grau de satisfação e felicidade. São elas:

* Respiração;
* Sono;
* Meditação;
* Exercício.

---

[49] HUFFINGTON, A. **A terceira medida do sucesso**. Rio de Janeiro: Sextante, 2014.

ENERGIA

RESPIRAÇÃO

A respiração pode tanto ter uma parte técnica quanto uma mística.

Anthony Robbins, no Curso Personal Power II,[50] afirma que o modo mais fácil de ter um bom dia, com energia, é cuidando da respiração. Quando respiramos de maneira profunda – inspirando pelo nariz por 3 segundos, segurando por 12, e expirando pela boca por 6 segundos, por 10 vezes –, nos acalmamos e estamos fisiologicamente oxigenando o sangue. O melhor horário para fazer esse processo é logo pela manhã, ao acordar. O efeito é o de um aspirador de pó, forçando o metabolismo e as células do corpo a trocarem oxigênio. Ao mudar o estado do seu corpo, você muda a motivação. O corpo puxa a sua mente.

A respiração tem um aspecto sagrado. Arianna Huffington[51] revela que é importante ter um momento de entendimento da respiração. Ela pede às suas plateias que respirem um pouco, acalmem o coração. A respiração enche o ambiente de paz e sacralidade. Para quem nunca leu ou não se lembra, no livro de Gênesis, na Bíblia Sagrada, quando Deus criou o homem, ele soprou as narinas de Adão e Eva e chamou este sopro divino de *ruah*. E, na cruz, Jesus suspirou pela última vez antes de morrer. Tanto para a vida como para a morte. **Respiração é vida.**

---

[50] ROBBINS, A. **Personal Power II**. Whelling: Nightingale Conant Corp, 1996. https://store.tonyrobbins.com/products/personal-power

[51] *Ibidem*.

SONO

Na obra *Sleep Smarter* [Durma melhor, em tradução livre],[52] Shaw Stevenson, que se recuperou de uma doença degenerativa ao dormir melhor, apresenta dicas para melhorar o sono e, consequentemente, a saúde.

Nas pesquisas que fez para desenvolver o seu livro, Stevenson descobriu que **pessoas privadas de sono demoram 14% mais tempo para completar uma tarefa e cometem 20% mais erros do que indivíduos descansados.** Pense como isso pode influenciar a produtividade de uma empresa com mil colaboradores... O tempo para execução das tarefas vai às alturas. Bill Clinton admitiu, ao fim de seu mandato como presidente dos Estados Unidos, que todos os erros graves que cometeu foram originados pela falta de sono, no auge do cansaço.[53]

A seguir, seis dicas preciosas extraídas do livro de Shaw Stevenson:

- ★ **Dica 1:** tenha consciência do valor do sono. Pode parecer óbvio, mas muitas pessoas ignoram que o sono é importante e fundamental para o metabolismo;
- ★ **Dica 2:** evite telas por, pelo menos, uma hora antes de dormir. As luzes das telas de computador

---

[52] STEVENSON, S. **Sleep Smarter**: 21 essential strategies to sleep your way to a better body, better health, and bigger success. Londres: Hay House UK Ltd., 2016.

[53] "FALTA confiança na situação interna dos Estados Unidos". **Conjur**, 20 dez. 2013. Disponível em: https://www.conjur.com.br/2013-dez-20/ideias-milenio-bill-clinton-ex-presidente-estados-unidos. Acesso em: 15 ago. 2022.

e celular inibem a produção de melatonina, um hormônio necessário para reposição da energia. Como sempre recomendamos, adote o "pôr do sol digital" na sua casa como regra; coloque em prática todos desligarem as telas às 21 horas;

* **Dica 3:** se possível, durma sem culpa após o almoço. Brian Johnson afirma que somos o único animal que não cochila durante o dia. Esse tipo de sono pode ser bem mais reparador do que se imagina, mesmo sendo de curta duração;
* **Dica 4:** não tome café de cinco a oito horas antes de dormir, pois pode inibir a adenosina, um hormônio fundamental para o sono;
* **Dica 5:** pratique uma respiração profunda antes de dormir, da mesma maneira que faz pela manhã (e como ensinamos anteriormente);
* **Dica 6:** cuide do ambiente. Deixe o quarto escuro, fresco (um pouco mais para o frio, mais próximo de 20°C do que de 26°C), com roupa de cama sempre limpa e cheirosa, vestimentas agradáveis e próprias para o sono.

MEDITAÇÃO

Com base nas informações sobre meditação presentes no livro e no podcast Manhãs Poderosas, resumiremos a seguir a importância dessa prática, que, se adotada, lhe garantirá um dia pleno e de total conexão com sua essência.

Em *Relaxation Revolution* [Revolução do relaxamento, em tradução livre],[54] Herbert Benson e William Proctor apontam provas científicas de que **exercícios da mente, como a meditação, melhoram a saúde e até mesmo a nossa genética.** Ou seja, os genes se modificam em nome de uma vida melhor. Além disso, a prática ainda nos liga com o divino dentro de nós. Essa conexão com o eterno, a paz de estar em silêncio, faz Deus ser mais em nós – *entheos*, como já vimos. Iluminamos o mundo porque decidimos dar uma pausa para reabastecer e limpar a mente.

O banho na mente é como nosso asseio diário. Se não tomarmos banho durante um tempo, as pessoas vão notar. Se deixo de meditar, logo perceberão isso nos meus comportamentos.

É quase impossível ter um dia ruim se a pessoa meditar pela manhã.

Arianna Huffington apresenta estudos que mostram que a meditação reduz a mortalidade humana em até 20%, além de outras doenças e, inclusive, é comparada à descoberta de uma nova classe de remédios.[55] É semelhante à lógica atribuída por Shaw Stevenson ao sono.

É preciso atentar-se a duas armadilhas da meditação: achar que não temos tempo para ela e que não sabemos meditar.

---

[54] BENSON, H.; PROCTOR, W. **Relaxation revolution**: enhancing your personal health through the science and genetics of mind body healing. Nova York: Scribner Book Company, 2011.

[55] HUFFINGTON, A. *op. cit.*

> Qualquer sucesso que eu tive veio mais da meditação do que de qualquer outra influência.[56]
>
> — RAY DALIO

---

[56] THE Tony Robbins Podcast: Changing World Order with Ray Dalio: how countries rise and fall | What cycles of history can teach us now, com Ray Dalio. 29 jul. 2022. Podcast. Disponível em: https://tonyrobbins.libsyn.com/changing-world-order-with-ray-dalio-how-countries-rise-and-fall-what-cycles-of-history-can-teach-us-now. Acesso em: 9 set. 2022. Tradução livre.

Quando você pensar que não é bom nisso, lembre-se de que não existe um julgamento prévio, ou seja, nunca julgue a sua meditação. Não existe grau de meditação entre o iniciante e o guru de meditação indiano. Não cabe a você julgar o quanto ela pode ser eficaz antes de começar. **A pior meditação é melhor do que não meditar.**

Arianna dá o exemplo do monge francês, fotógrafo, autor e geneticista molecular Matthieu Ricard, que afirma que meditar não é só relaxar à sombra de uma mangueira, ou ler um livro, ou ouvir uma boa música, mas desenvolver uma prática altruísta e de compaixão. Ricard sabe do que fala, pois abandonou uma bem-sucedida carreira de geneticista molecular para entrar no monastério e foi eleito "o homem mais feliz do mundo" pelo jornal britânico *The Independent*, devido à positividade de seu sistema neurológico. O critério utilizado foi uma pesquisa realizada pela Universidade de Wisconsin com orientais e ocidentais que tinham de 10 mil a 60 mil horas de meditação no currículo e investigou a capacidade dos participantes de permanecer em um estado de felicidade.

Neste livro, vamos trabalhar a meditação de duas maneiras: por ela mesma e a que ocorre a partir da oração. Na verdade, estamos nos colocando como parte desse processo. A meditação em si é prática do Neder, e a oração, do Astromar.

No primeiro caso, sugerimos a técnica de meditação contida no livro *Manhãs poderosas*,[57] que orienta quatro passos com

---

[57] NEDER, I. *op. cit.*

ENERGIA

duração de 15 minutos ao todo. Sugerimos que você entenda as diretrizes a seguir e, em seguida ou amanhã cedo, inicie a prática usando a meditação guiada no podcast Manhãs Poderosas. Há centenas de técnicas e aplicativos para meditar, mas selecionamos essa porque o resultado dela é incrível tanto para pessoas que nunca meditaram, quanto para as mais experientes.

Passo 1: preparação (2 minutos). Mantenha e coluna reta como se houvesse um fio puxando sua cabeça para cima. Mão sobrepostas e fechadas na altura do umbigo. Feche os olhos e respire diversas vezes em sequência. Imagine uma luz do tamanho de uma bolinha de tênis subindo pelo seu pé esquerdo e passeando por todo o corpo, em especial nos lugares de que mais precisa. O objetivo aqui é que sua mente se concentre nessa bola de luz e não fique vagando em outros pensamentos. Deixe que essa luz dê três voltas ao seu redor.

Passo 2: repetição (3 minutos). Pense em uma frase como se fosse um mantra. Você escolhe qual pode ser: "Eu sou o amor de Jesus", ou "Eu sou feliz", ou "Eu sou o amor". Novamente, o objetivo é que, ao repetir o mantra, a mente não se concentre em outros pensamentos. No começo, é difícil, mas, com o tempo, você desenvolverá habilidade e disciplina para se desligar de tudo. É prática!

> **Passo 3: recepção/observação (8 minutos).** As mãos, que estavam fechadas no início, devem ser abertas, com as palmas voltadas para cima, encostadas nas pernas. Sua mente chega a um ponto de relaxamento. Deixe-a livre. Pensamentos podem cruzar sua consciência, mas tente observá-los placidamente enquanto passam. Curta, entenda, sinta o seu corpo. Talvez sinta arrepios, calafrios, bem-estar ou outro tipo de sensações. Toda preparação e repetição foram feitas para que você chegasse a essa fase, agora é momento de aproveitar.
>
> **Passo 4: fechamento (2 minutos).** Na fase três, a alma foi aberta. Conexões importantes, que serão relevantes no processo, foram feitas. Agora, as mãos devem se fechar, e você imaginar uma luz descendo do céu e caindo sobre você, protegendo seu corpo e sua alma. É como se Deus o cobrisse com um escudo que o defenderá de toda negatividade que passará por você durante o dia. Essa proteção pode também alcançar a sua família.

A oração também é uma maneira poderosa de meditar. De acordo com Arianna Huffington,[58] o ato de orar pode estar presente em todos os momentos do dia e ser realizado de modo espontâneo de acordo com as situações pelas quais você passa.

Essa é uma prática muito mais comum do que se imagina. De cada dez pessoas, nove declaram que vão a igreja, culto ou serviço religioso e apenas 6% afirmam que nunca rezam. **Diferentes religiões possuem um modo próprio de se comunicar com o divino, mas a ideia é que a**

---

[58] HUFFINGTON, A. *op. cit.*

oração esteja sempre presente, fazendo dela uma prática de vida:

* **Oração espontânea:** feita ao longo do dia (quando enfrenta situações ruins ou mesmo durante as boas);
* **Oração de gratidão:** ao acordar, antes de dormir ou antes de cada refeição;
* **Oração contemplativa:** dedicar um período de cinco minutos a uma hora por dia para se manter na presença de Deus.

Esse último é o preferido do Astromar, que desenvolveu um jeito muito singular de atingir os mesmos objetivos propostos anteriormente por Neder. Para ele, cuidar da alma é necessário, pois, sem a espiritualidade, é impossível trilhar um caminho feliz. É uma busca pelo sagrado.

Nesse momento, é oportuno diferenciar espiritualidade de religiosidade. A primeira é a procura pelo sagrado, por um significado na vida, algo maior do que a individualidade. E a segunda também envolve a busca pelo sagrado, mas está inserida em um contexto mais dogmático e estruturado.

A oração meditativa é o que propomos aqui como fundamento, pois ela não é baseada em pedidos, e sim em um processo de conexão com Deus, em um diálogo que vai aos poucos contornando a alma, repassando os problemas, agindo em momentos felizes e traumáticos, para que sejam todos revistos e avaliados em tamanho, consequência e reação.

O que o homem pode fazer de melhor para a sua felicidade é pôr-se em harmonia constante com Deus por meio de súplicas e orações.[59]

PLATÃO

---

59 O QUE o homem pode fazer de melhor para... **Platão**, Pensador. Disponível em: https://www.pensador.com/frase/NTc0OTk/. Acesso em: 14 set. 2022.

De maneira simples, a oração meditativa pode ser realizada em quatro passos:

* **Passo 1: leitura.** Escolha uma palavra da Sagrada Escritura que o coloque na presença do Senhor de maneira aberta à ação divina;
* **Passo 2: meditação.** Avalie os valores da palavra escolhida e como eles podem se expressar na sua vida;
* **Passo 3: contemplação.** Após a meditação, a palavra traz o momento da oração por excelência. Permaneça em silêncio profundo ou escutando uma música tranquila, com os olhos fechados. Conecte-se com o alto;
* **Passo 4: ação.** Uma vez que meditou e orou, a proposta é deixar de pensar e agir de acordo com a meditação realizada. A palavra se faz concreta na vida pessoal e nos relacionamentos. É a concretização de todos os desejos.

EXERCÍCIO FÍSICO

Praticar exercício físico faz bem para saúde – isso é indiscutível. O que desejamos salientar é o quanto ele pode fazer pela sua felicidade.

Sonja Lyubomirsky nos apresenta uma pesquisa[60] em que cientistas dividiram homens e mulheres de 50 anos

---

[60] LYUBOMIRSKY, S. *op. cit.*

diagnosticados com depressão em grupos aleatórios, para a prática de três tipos de tratamento:

* Exercício aeróbico;
* Antidepressivo;
* Antidepressivo e exercício aeróbico.

Ao final de quatro meses, os três grupos apresentaram melhora na depressão. Ou seja, os exercícios aeróbicos foram tão eficientes quanto os remédios ou a combinação dos dois. (Leve em conta que o exercício aeróbico – uma corrida ou caminhada – é de graça, mas exige disciplina.) Seis meses depois do estudo, apenas aqueles que praticaram exercício físico estavam consideravelmente melhores, mesmo sem nem se exercitar mais.

Qual explicação para isso? Podemos considerar três fatores, e o primeiro é a autoestima. O bem-estar físico leva à mais felicidade.

O segundo é o potencial de *flow*, ou seja, uma distração positiva. Você se abstrai do mundo e do estresse. Uma fuga para tirar corpo e mente da rotina. No fundo, meditação e exercício chegam a um mesmo resultado, incluindo a redução da ansiedade e o aumento dos hormônios do bem-estar. No entanto, **exercício físico e meditação não são iguais, possuem práticas diferentes e geram energias diferentes.** Em outras palavras, o primeiro gera emoções de alta: energia, entusiasmo e vigor; e o segundo gera emoções de baixa: serenidade, conexão, clareza, paz e calma.

ENERGIA

E, por fim, o terceiro fator é que o exercício oferece a oportunidade de contato social quando praticado na companhia de outras pessoas. É muito fácil fazer amigos em uma academia, em um jogo de tênis de praia, futebol, ou simplesmente sorrindo para alguém ao fazer sua caminhada na rua. Todos estão empenhados na mesma lógica e necessidade e, por isso, há um "entendimento" entre os pares.

Arianna Huffington[61] dá uma dica que vai por essa mesma linha a partir de uma orientação da Organização Mundial da Saúde (OMS): caminhar três vezes por semana em ritmo moderado por quarenta minutos. Antes de começar, porém, é bom fazer uma avaliação com um médico e um educador físico.

Finalizamos este capítulo com uma ressalva. Os fundamentos apresentados para melhorar sua energia e disposição não podem ser fatores de estresse para você. Estabeleça-os em sua vida com calma e serenidade. Identifique em que ponto há fissuras, situações complicadas e que o arrastem para baixo. Observe primeiro e aja na sequência.

Tais fundamentos são básicos e devem acompanhá-lo durante sua jornada. Sabemos que não são difíceis de serem adotados, mas, muitas vezes, descuidamos disso. A felicidade está a seu alcance, mas é você quem deve dar o primeiro passo em direção a ela.

---

[61] HUFFINGTON, A. *op. cit.*

MEU TRABALHO É MEU MAIOR DESCANSO.

CAPÍTULO 6
TRABALHO

Quando Luciano acordou naquele dia, não se lembrava bem do que havia acontecido. Uma dor na lateral da cabeça chamou sua atenção e, ao olhar para o lado, tentando enxergar o que acontecia, viu uma haste de ferro e, nela, uma bolsa de soro pendurada, pingando devagar. Olhou para frente assustado, notou que seus pés estavam descobertos e que aquele lençol não era dele. Era azul claro, com uns dizeres que ele se esforçou para conseguir ler: Hospital São Camilo.

O que aconteceu? Por que estou aqui? Tentou se levantar, mas não tinha força para sustentar o tronco. Naquele instante, uma máquina estranha ao lado dele começou a apitar. Uma mulher vestida de branco chegou, abaixou lentamente a cabeça de Luciano e pediu calma. Ele tentou balbuciar algumas palavras, mas não conseguiu e caiu novamente em sono profundo.

Do lado de fora daquela sala, a mulher dele, Letícia, recebia a informação que mudaria sua vida: "Seu marido teve um acidente vascular cerebral. Ele está consciente, mas precisamos sedá-lo para que os níveis de agitação permaneçam estáveis. Não temos certeza ainda dos danos sofridos e precisamos de quarenta e oito horas para afirmar algo em relação a isso".

Letícia foi a passos lentos para o corredor que dava na porta da UTI e se lembrou das três crianças. Como elas estavam? A avó cuidava de Juliana, de 5 anos, e Mariana, de 7. Juliano, de 11 anos, estava na casa de um amiguinho. Ela precisava reunir todos e encontrar uma maneira de explicar o que havia acontecido, mas só lhe vinha à mente uma cena: Luciano chegando à garagem por volta das nove da noite, com o celular na mão e o laptop já aberto na outra, caindo em seguida e batendo a cabeça violentamente na escada.

O que aconteceu? Por que ele teve um AVC? Como será agora? E se ele morrer? O que eu falo para meus filhos? E lá no meu trabalho? Quem vai levar as crianças para a escola hoje? E se o Luciano precisar de home care? Quem vai pagar por isso? O nosso plano de saúde não cobre... E ainda mais agora que ele decidiu ser terceirizado da empresa para poder ganhar mais comissões. Pior mesmo foi quando ela se lembrou, ainda no corredor do hospital, que Luciano sabia que a vida dele andava ruim. Quantas vezes o marido não reclamou disso para ela, mas, no fundo, não teve coragem de mudar, pois vivia em uma falsa sensação de segurança e felicidade.

O que costuma definir a felicidade de um homem feliz é a profissão ou a ocupação dele. Desde que o homem decidiu caminhar sozinho pelo mundo, ele se ocupa,

TRABALHO

e não demorou muito tempo para que essa função passasse a ser remunerada com um salário condizente ao trabalho realizado. Dali para frente, é história, não vamos entrar nesses detalhes, mas é certo que uma hora ou outra teremos de trabalhar para ganhar o nosso sustento.

Isso significa que somos criados visando uma profissão no futuro, um trabalho remunerado e, conforme crescemos, tudo ao redor – família, o clube que frequentamos etc. – indica o que faremos.

Mas atenção: não ter uma ocupação é privilégio de poucos abastados, viver de golpes é opção de outros, trabalhar incessantemente até se aposentar é a realidade da maioria, e **trabalhar e ser feliz ao mesmo tempo é a maior riqueza que podemos ter.**

Talvez você tenha se enquadrado na condição de trabalhar duro até se aposentar e, inclusive, blasfemou com a possibilidade de alguém ser feliz simplesmente por trabalhar. É compreensível, pois, em um mundo cada vez mais competitivo, nos entregamos de corpo e alma ao emprego sem nem ao menos percebermos as consequências de correr tanto atrás de bens materiais ou de conforto para a família. Esse sistema cobra um preço muito alto e, não raro, promove um caminho sem volta para muitos.

Em um dos treinamentos da nossa empresa, temos tido contato com muitos casos de pessoas que vivem, hoje, em uma condição análoga à escravidão, mas sem que haja a força ou uma condição tirana sobre ela. Ouvimos histórias de cortar o coração, como a de um CEO de São Paulo que, ao ser perguntado sobre a cor do cabelo do filho, chorou porque não se lembrava. Outro empresário, ao experimentar a vivência de três dias do treinamento, não se perdoava por ter feito tanto mal aos seus subordinados; só que ele também era uma vítima do sistema.

Temos afirmado que a felicidade é um caminho, que precisa ser alcançada em vários aspectos, e um deles trataremos neste capítulo: **o trabalho não pode impedir você de ser feliz.** Isso é possível. Muitas pessoas ficam deprimidas devido ao excesso de trabalho, mas há avaliações que apontam o contrário: ser feliz garante um trabalho feliz. Ou seja, é preciso primeiro ser feliz para depois aplicar essa felicidade em sua ocupação.

No livro *O jeito Harvard de ser feliz*,[62] Shawn Achor disse que mais de duzentos estudos científicos, envolvendo 275 mil participantes, revelaram que a felicidade leva ao sucesso em praticamente todos os âmbitos da vida, inclusive no trabalho. Os felizes são mais eficazes, fecham mais vendas, têm melhor avaliação de desempenho, são mais bem-remunerados, estão nos cargos de liderança. Usufruem de maior segurança no emprego e são inclinados a tirar menos dias de licença por motivo de doença, pedir demissão ou ficar afastados. São mais propícios a liderar equipes mais felizes e saudáveis. Criam ambientes de trabalho favoráveis para o alto desempenho. A lista de benefícios da felicidade no trabalho é interminável.

---

[62] ACHOR, S. *op. cit.*

> A busca do homem é alcançar prosperidade, tanto externa quanto interna. Devemos conduzir nossa vida pessoal e profissional de uma forma que deixará um significado duradouro e uma marca positiva no nosso mundo.[63]
>
> GESHE MICHAEL ROACH

---

[63] ROACH, G. M. **The diamond cutter**. Toronto: Doubleday Religion, 2009. Tradução livre.

Uma pesquisa realizada em 2002, chamada *Dispositional affect and job outcomes – social indicators research* [Afeto disposicional e resultados do trabalho – pesquisa de indicadores sociais, em tradução livre],[64] mensurou o nível de emoção positiva em 272 colaboradores e monitorou o desempenho deles no trabalho durante dezoito meses. Os resultados evidenciaram que, mesmo controlando outros fatores, as pessoas que no início se mostraram felizes tinham desempenho e salário melhores. No mesmo caminho, essa condição se estende para o ambiente universitário, comprovando que alunos que entram na faculdade felizes com a opção que escolheram têm mais chance de serem felizes no trabalho posteriormente.

TRABALHO, DINHEIRO E FELICIDADE

Além da competição insana a que estamos expostos no mundo do trabalho, há um fator que nos faz afundar ainda mais. Para pessoas que apenas trabalham pelo salário ou lucro no final do mês, sem um propósito claro e sem aproveitar minimamente suas horas produtivas, o trabalho pode ser um dos grandes inibidores da felicidade.

Perceba que estamos longe de considerar o dinheiro como algo não primordial em nossa vida. A equação é simples: ao trabalharmos felizes, temos condição de ganhar

---

[64] ACHOR, S. *op. cit.*

dinheiro suficiente para as nossas necessidades, para os prazeres da vida, para guardar e ter segurança, e isso retroalimenta nosso grau de felicidade.

Somos seres racionais, mas também espirituais, e tudo que conseguimos precisa ter um significado útil na vida. Devemos sempre ser a melhor versão de nós mesmos e, como aponta Maslow, ser quem podemos ser. Aliás, o dono de uma das teorias mais eficazes do mundo contemporâneo, que trata das hierarquias das necessidades humanas, ensina que a autorrealização tem muito mais a ver com o coração em paz do que com qualquer outra coisa.[65]

Esse mesmo pensamento de Maslow foi antecedido no começo do século passado por Wallace Watlles, que escreveu o manual *A ciência de ficar rico*.[66] Watlles não negava o fato de que podemos ser quem queremos ser, mas ressaltava que, sem dinheiro, sem ser rico, essa tarefa se torna muito mais difícil, para não dizer impossível. Aqueles que concordam com Watlles vão além e rezam a cartilha de que querer ser rico é natural do homem, e a riqueza é necessária para uma vida próspera: um equilíbrio perfeito entre corpo, alma e mente.

Bem, até aí, a discussão é dos autores citados. O que nos interessa é não negarmos que trabalhamos, na maior parte da vida, para ganhar dinheiro e usá-lo naquilo que queremos. Há, porém, alguma possibilidade de que a situação melhore?

---

[65] MASLOW, A. H. *op. cit.*
[66] WATTLES, W. D. **A ciência de ficar rico**. Rio de Janeiro: Best Seller, 2007.

Trabalhar e ser feliz ao mesmo tempo é a maior riqueza que podemos ter.

TRABALHO

Pensar como Watlles é perigoso, pois pragmatiza demais a questão; e filosofar como Maslow talvez nos tire um pouco a noção de realidade. Assim, sintetizamos que a sua ocupação, na qual você trabalhará feliz, é o que fará toda a diferença. A partir de então, você poderá gastar com aquilo que deseja, realizar sonhos etc. A escolha é sua.

Vamos começar conceituando **emprego, carreira e vocação.** Emprego é o pior dos três. É uma ocupação a qual a pessoa espera ansiosamente que termine para, no máximo, ser feliz bebendo algumas cervejas após o expediente. É aquela sensação de ser feliz todo dia 5, ou seja, uma mera troca mercantil entre partes. Você trabalha para mim e eu o pago pelas horas trabalhadas.

Carreira é algo pensado em longo prazo, tem a ver com planejamento, portanto, é capaz de gerar grande satisfação às pessoas, além de altos rendimentos. Carreira gera status, poder, segurança e realização pessoal, mas possui um problema: é também a causa de competição, o que, dependendo de valores morais e éticos, pode ser ruim para muitos. Há exemplos de pessoas que investiram demais na carreira, porém, para isso, passaram por cima dos outros e de valores.

O que gera grande satisfação é atender a um chamado interior, que, no mundo do trabalho, é denominado "vocação". Não há nada melhor do que trabalhar em resposta a uma natureza interior. **Fazer aquilo que lhe dá prazer elimina a chance de considerar trabalhar algo ruim.** Com certeza, você já ouviu a frase: "Faça o que ama e não terá de trabalhar nunca". É uma realização pessoal muito maior e mais rica do que as opções anteriores.

A felicidade aparece nesse contexto como um bem pessoal que o dinheiro é capaz de comprar, e agora é o momento ideal de desmistificar essa condição. O trabalho para ganhar seu dinheiro precisa entrar nessa discussão, e a lógica é simples: ao trabalhar respeitando a vocação, o ser humano se dedica, é produtivo e, consequentemente, tem retorno, principalmente financeiro. Nesse caso, além da felicidade em se dedicar à sua vocação, poderá adquirir bens que deseja, realizar o que sempre quis fazer. A felicidade pode ser encontrada em um tempo livre para tomar um café com a sua mãe no final da tarde ou para tocar um instrumento com o filho.

O que sugerimos com relação ao uso de dinheiro é: gaste-o com experiências em vez de comprar coisas! Analise suas últimas compras e compare com a alegria que sentiu ao viajar com a família, ao jantar com amigos, ao sair para um bate-papo com o pai ou a mãe, ao ir a um show ou a uma peça de teatro. Poder realizar sonhos ou afagar a alma sempre será mais valioso do que um produto qualquer.

Reafirmamos: não use o dinheiro só para ter coisas, mas para criar situações saudáveis e felizes. Imagine um mundo que vem de você para fora, de prazer e abundância, em que você vai se divertir, ofertando os seus talentos, criando valores inacreditáveis. Você será um agente transformador na sociedade! A melhor versão de você mesmo acontece quando seu pensamento evolui desse modo.

TRABALHO

Nesse caso, você funciona ainda como uma semente plantada na terra. Se planta amor, gentileza, criatividade, generosidade, inspiração, vive o que tem de melhor, há uma multiplicação natural.

Em algumas regiões do país, o sotaque faz felicidade começar com fé: *fé-licidade*. Precisamos acreditar que nascemos para dar nossos dons e talentos ao mundo por meio do nosso trabalho. Quando tivermos essa certeza, essa fé de que podemos fazer a nossa parte e, ao mesmo, tempo ajudar a melhorar a vida das pessoas, seremos missionários, como muitas figuras históricas foram.

Como tem sido seu cotidiano na empresa? Você, que é líder ou empresário, tem contratado apenas mercenários ou pessoas com uma missão, com brilho no olhar?

Phil Jackson[67] foi treinador do Chicago Bulls de 1989 até 1998, período em que o time ganhou seis campeonatos da National Basketball Association – Associação Nacional de Basquetebol (NBA). Treinou também o Los Angeles Lakers de 1999 até 2004 e de 2005 até 2011, ganhando cinco títulos na principal liga. Ele também detém o recorde de treze títulos da NBA. Além do foco, da obstinação, garra e visão, ele sempre trabalhou a fé e a espiritualidade para ser feliz. Jackson, um homem bem-sucedido, sempre teve uma clareza: na vida, devemos balancear o lado espiritual e o material.

---

[67] JACKSON, P.; DELEHANTY, H. **Onze anéis**: a alma do sucesso. Rio de Janeiro: Rocco, 2014.

VÁ FELIZ!

Qual é o seu percentual de foco no espiritual hoje (os prazeres, os relacionamentos, a gratidão e a fé)? E qual seu percentual de foco no material hoje (as compras, o foco em ganhar, em ter mais)? Segundo Phil, você nunca pode ter menos que 51% do lado espiritual! Ou seja, o lado material nunca pode ocupar a maior parte da sua vida. Tenha 51% no espiritual no mínimo. O cenário em que a pessoa tem 80% ou 90% no lado espiritual é muito para alguém que não é um líder religioso, mas o contrário, 80% ou 90% no lado material, não pode ser aceito de maneira alguma! Tenha 49% do lado material no máximo. Como está o seu balanço?

Claro que balancear o espiritual e o material não acontece de uma hora para outra e nem sempre a balança é algo tão claro na vida de todos, mas se não dermos ouvido à ideia de sermos felizes no trabalho, corremos o risco de passar a vida em branco.

Então, seja feliz hoje: vá feliz! **Compreenda que prazer, dinheiro e trabalho podem conviver, e é preciso um equilíbrio mínimo para que isso aconteça.**

Veja como esse equilíbrio pode se concretizar:

Não quero que no meu epitáfio esteja: "Teria corrido atrás de grandes sonhos na vida, mas outras pessoas não permitiram".[68]

TOM PETERS

---

[68] I DON'T want an epitaph on my gravestone... **Tom Peters**. Quote Master. Disponível em: https://www.quotemaster.org/qd60cb172212dd8221521c124ab4d2265. Acesso em: 14 set. 2022. Tradução livre.

VÁ FELIZ!

Na imagem, sinalizamos novamente a questão da vocação e do trabalho. **É preciso, sim, ter sucesso no trabalho para receber mais. Entregar os maiores dons e talentos para a humanidade é o nosso maior desafio, e isso é estar no centro, na intersecção dos três círculos.** É uma meta que precisa ser atingida independentemente dos problemas. *Mas como transpor todas as barreiras que me impedem de pensar assim?*

Imagine um atendente em uma loja de fotografia. Certa vez, essa pessoa se encontrou com um professor da área e demonstrou interesse em cursar uma pós-graduação em Fotografia. Ele a incentivou e lhe disse que seria ótimo ela levar adiante essa decisão. A atendente concordava, pois o que mais queria era ressignificar o seu emprego ruim. No entanto, quando certas condições, como dias de estudo e mensalidade, surgiram, o plano dela foi por água abaixo, porque, em sua balança cotidiana, era impossível equilibrar a necessidade de ter um emprego, ajudar em casa porque a mãe é doente, não ter um momento para estudo com a realização do sonho de fazer a pós-graduação.

Quanto mais dificuldades a pessoa tiver, pior é a chance de o centro ser atingido. Não é impossível, porém, quando se mudam as perspectivas. Ou eu penso que não vou ter um dia de trabalho ruim hoje e me contento com a minha vida miserável, ou eu penso que *posso ressignificar* esse trabalho ruim e começo a construir um caminho diferente.

TRABALHO

A felicidade não é um conceito bobo ou ideal. Ela é mais real do que supomos. Quem encara a felicidade como um fator transcendental e termina a leitura de um livro motivacional como uma criança que acabou de ler um conto de fadas nunca terá sucesso. Aqui entra em cena a importância de você ter responsabilidade sobre a sua vida. Afinal, se as condições ruins de emprego o impedem de ser feliz, quem está no comando é ele e não você. E, mesmo com a incerteza do que acontecerá se uma decisão for tomada, é preciso assumir de maneira sábia o que vem pela frente. Em outras palavras, devemos parar de sonhar e passar a viver. Acordar para a realidade, pois o sonho nunca acontecerá se os dispositivos reais não forem ativados. Sim, você pode.

Assuma suas responsabilidades, defina propósitos e metas, adquira conhecimento continuamente e se relacione com pessoas que o ajudarão na caminhada.

Escreva isso em um papel. Defina a sua capacidade de ser feliz no trabalho. Responda a esta simples pergunta: "Em que eu sou muito bom?".

Poderíamos escrever outro livro só com histórias de pessoas que ressignificaram a vida a partir da consciência de suas qualidades. Uma grande amiga nossa, aliás, deixou uma promissora carreira em uma empresa de comunicação para ser jardineira. Pesou prós e contras e descobriu que a tal "carreira promissora" a mataria rapidamente e que ninguém era capaz de criar um jardim tão bonito como o dela. Hoje, tem até programa de televisão.

Embora a riqueza externa raramente leva à riqueza interna, a riqueza interna geralmente leva à riqueza externa.[69]

BRENT KESSEL

---

[69] KESSEL, B. **It's not about the money**. San Francisco: HarperOne, 2008. Tradução livre.

TRABALHO

Aquilo em que você é bom é o que lhe gera prazer quando o realiza. Se gera prazer, o ritmo de trabalho é intenso, você consegue entrar em *flow* e o faz bem. Se faz bem, é reconhecido e tem retorno. Se tem retorno, o capital aumenta e, com ele, a autoestima para continuar a girar a roda.

Todos nós queremos melhorar nossas habilidades rapidamente – hoje mesmo, se não antes. A verdade, porém, é que talento e amor pelo trabalho crescem de modo lento. Você não criticaria uma muda porque ainda não se tornou uma árvore alta; nem ficaria chateado porque seu conjunto de habilidades e talentos ainda está em estágio de crescimento. Em vez disso, construa-o com prática diária.

Para isso, ajuda "pensar como um jardineiro e trabalhar como um carpinteiro". Pense com paciência, sem julgamentos. Olhe para os resultados ao longo do tempo de horticultura, não no tempo do relógio. Trabalhe de maneira constante e estratégica, sabendo que cada peça se conecta a um todo maior. Essa fórmula vencedora nos dá espaço para cultivarmos nossos talentos, aprendendo a amar o que fazemos e colhendo muito retorno financeiro!

O AMOR QUE CONSERTA É O
AMOR QUE DESCONSERTA.

CAPÍTULO 7
AMOR

As pessoas mais felizes do mundo são aquelas que cultivam bons relacionamentos. Por isso, reservamos este capítulo para discutir o que temos de fazer para chegar ao fim da vida com relacionamentos profundos, afinal, **com frequência, caímos na armadilha de investir tempo demais em relações superficiais que não nos ajudam a crescer e a conquistar a felicidade autêntica.**

O psiquiatra, psicanalista e diretor de um dos mais longos estudos sobre felicidade desenvolvido em Harvard, Robert Waldinger,[70] há muitos anos vem se perguntando do que é feita uma vida boa. O que é que nos mantém saudáveis e felizes? Em que devemos investir nosso tempo e nossa energia? Para responder a essas perguntas, os pesquisadores observaram a vida de algumas pessoas desde a adolescência

---

[70] WALDINGER, R. Palestra proferida no **TEDxBeaconStreet**, Brookline (Massachusetts), 23 dez. 2015. Disponível em: https://www.ted.com/talks/robert_waldinger_what_makes_a_good_life_lessons_from_the_longest_study_on_happiness?language=pt. Acesso em: 3 ago. 2022.

até chegarem à velhice. Um estudo desse tipo é raro de encontrar, mesmo se tratando de um assunto tão relevante para nosso bem-estar.

Desde 1938, os pesquisadores acompanham dois grupos de homens: estudantes de Harvard que terminaram a faculdade durante a 2ª Guerra Mundial e serviram no conflito e um grupo de garotos pobres de Boston que viviam em péssimas condições. Durante mais de setenta anos, eles monitoraram a vida de 724 homens e seus mais de 2 mil filhos.

No início da pesquisa, todos os adolescentes de 19 anos e seus pais foram entrevistados e passaram por exames médicos. Eles se tornaram adultos e seguiram nas mais diferentes profissões. A cada dois anos, a equipe de pesquisadores realizava novos exames clínicos nos participantes do estudo, bem como fazia novas entrevistas com eles, esposa e filhos.

Sabe o que os estudiosos aprenderam após as dezenas de milhares de páginas de relatórios que geraram com essa pesquisa? Que **o fator principal que levou os dois grupos de homens e suas gerações seguintes a chegar ao fim da vida mais felizes e saudáveis foi manter bons relacionamentos!** Não foram a carreira, as conquistas no esporte, a casa, o carro ou a tão sonhada lancha no lago nos fins de semana. Esse resultado nos leva a três grandes lições aprendidas:

1. **Manter conexões sociais nos faz bem e a solidão mata**

    Pessoas que estão mais conectadas socialmente com a família, os amigos e a comunidade são mais felizes, fisicamente mais saudáveis e vivem mais do que aquelas com poucas conexões. Para os estudiosos, a solidão é tóxica, e todos aqueles que optaram por maior isolamento social chegaram ao fim da vida menos felizes.

2. Viver em meio a conflitos é ruim para nossa saúde

Os pesquisadores afirmam que não é apenas o número de amigos que você tem ou se você está ou não em um relacionamento sério que importa, mas a qualidade das suas relações mais próximas. Relacionamentos bons e íntimos nos protegem de algumas circunstâncias adversas do envelhecer.

Durante a pesquisa, quando retornavam para verificar como os idosos de 80 anos estavam aos 50, não foram os níveis de colesterol deles que tiveram maior correlação com seu bem-estar no futuro, mas o quanto estavam satisfeitos em suas relações. Isto é: as pessoas mais satisfeitas em seus relacionamentos aos 50 anos eram mais saudáveis aos 80.

3. Relações saudáveis protegem não apenas o corpo, mas também a mente

Bons relacionamentos não precisam ser tranquilos o tempo todo. Quando você tem a certeza de que tem com quem contar, as discussões ao longo da vida não prejudicam sua memória. Uma relação saudável é aquela na qual as discussões levam ao crescimento e ao amadurecimento. E a pesquisa mostra que, além de melhorar a longevidade do corpo, o principal fator dos bons relacionamentos é a iluminação e evolução da mente, que chamamos de evolução espiritual.

Se uma vida boa se constrói com boas relações e se pessoas felizes ao fim da vida são as que cultivaram bons relacionamentos, é possível repensar no quanto é importante adotarmos a ferramenta Espiral Vá Feliz para, todos os dias, prepararmos nossa mente para amar, nos doar, compartilhar sonhos e estar bem no cultivo de conexões humanas.

Certa vez, indicaram para o Astromar um local onde ele poderia levar algumas facas para afiar. Ele tocou a campainha e foi surpreendido por uma pessoa com deficiência, um senhor de estatura muito baixa, e, em um primeiro momento, Astromar ficou sem saber como agir. Acostumado com aquela cena, o senhor foi logo brincando:

"Está me estranhando, não é? Como é seu nome?"

"Astromar."

"Ah, isso, sim, é estranho", riu. "Venha, me acompanhe, rapaz."

E o senhor brincalhão e aparentemente muito feliz começou a andar rápido com seu carrinho na frente em direção a um corredor. Como chovia, ele solicitou ao Astromar que fosse até o quartinho, no fim do corredor, e deixasse as facas para afiar em cima do balcão de trabalho. Ao chegar à porta, tomando chuva, Astromar não conseguiu abri-la e pediu ajuda ao senhor. Lá do começo do corredor, o homem apertou um botão no seu carrinho e a porta se abriu.

Astromar logo riu, falando: "Caramba, hein?! Isso aqui está parecendo a 'batcaverna'!"

A sala na qual entrou estava bastante escura. Astromar procurou o interruptor passando as mãos na parede próxima ao batente da porta, mas não o encontrou. Rindo, o homem sempre muito animado disse: "Ei, onde você acha que está o interruptor? Olhe para mim, olhe a minha altura!".

Astromar se abaixou ao lado da porta, rente ao chão, e encontrou o interruptor. Naquele instante, pensou em quantas pessoas passam anos e anos sem encontrar o interruptor que pode acender a vida, a luz no interior das pessoas mais próximas e que amam. Quantos são especialistas em apagar nossas luzes, em roubar nossa essência, nossa criança que ainda existe dentro do peito. Temos mantido muitos relacionamentos tóxicos em nossa história e, sem percebermos, nós seremos os maiores prejudicados no fim da vida.

Que possamos cultivar o dom de acender os interruptores escondidos daqueles que estão mais perto de nós. Nós temos de nos preparar emocional e mentalmente para que, independentemente da situação, acendamos a luz na vida da nossa família e dos nossos amigos por mais difícil que seja achar o interruptor.

Quero olhar de garimpeiro para enxergar o que há de precioso nas pessoas.[71]

VAL LIMA

---

71 QUERO olhar de garimpeiro para enxergar... **Val Lima**, Pensador, 2005-2022. Disponível em: https://www.pensador.com/frase/ODU4Mzc4. Acesso em: 14 set. 2022.

AMOR

AS ARMADILHAS DOS RELACIONAMENTOS

Por vezes, caímos em armadilhas que destroem a relação entre as pessoas. Consideramos uma armadilha deixar-se ser manipulado pelo outro e se colocar como vítima das situações. E é exatamente por isso que a maioria das pessoas não consegue ter um bom relacionamento.

Não se deixe manipular pelos outros[72] é o nome do livro escrito pelo doutor em Psicologia e especialista em Desenvolvimento Pessoal Wayne Walter Dyer. Na obra, o autor discute os conceitos de vítima e liberdade. Você está sendo vítima todas as vezes que descobre que não controla sua vida; e ter liberdade significa não haver obstáculo para que você dirija sua vida da maneira que desejar. Por isso, **serão mais felizes as pessoas que possuem sensação de paz interior, ou seja, que escolherem ter liberdade, atitudes independentes e comportamentos de não vítimas.**

O problema é que é difícil perceber quando se está sendo manipulado. Mesmo as pessoas mais íntimas e até mesmo sua família não estão preocupadas com o que é bom para você, mas com o que dá prazer a eles. Um exemplo disso é a mãe "chocadeira": ela protege, sufoca e impede o filho de se libertar em prol de seu próprio prazer de tê-lo nos braços, privando-o de novas experiências e impedindo-o de se distanciar do

---

[72] DYER, W. W. **Não se deixe manipular pelos outros**: técnicas para evitar a dominação. Rio de Janeiro: Viva Livros, 2014.

ninho. Quantas pessoas com as quais convivemos nos sufocam com o que superficialmente parece amor, mas é amor egoísta, que não visa o nosso crescimento e a nossa liberdade?

Diante disso, Dyer sugere quatro passos para não se deixar manipular:

* Aprender a avaliar as situações, sair do contexto e ter um olhar de fora;
* Desenvolver um forte conjunto de expectativas e atitudes de não vítima;
* Tornar-se consciente dos tipos mais comuns de vitimização em sua vida e em nossa cultura;
* Formular um conjunto de princípios que o orientem na formulação de estratégias detalhadas para a prática de uma filosofia de vida fundamentada na ideia inalterável de que você não se tornará vítima.

Eliminar as armadilhas da vítima implica, acima de tudo, desenvolver novos hábitos sadios de relacionamento. **Não subestime suas capacidades física, mental, emocional e social**. Para tanto, mude suas expectativas de acordo com sua capacidade real. **Desenvolva expectativa de felicidade, de saúde, de eficiência, e nunca de uma pessoa maltratada**.

Tenha claro suas visões, seus sonhos, o que você gosta de fazer, quais atividades físicas lhe dão prazer, o que gosta de comer, quais atividades o fazem feliz, quais são suas verdadeiras amizades, aquelas que lhe fazem bem, e não as que lhe são impostas ou convenientes para os outros. Não seja sempre a vítima que nunca consegue fazer o que quer, tome você a decisão de ser feliz.

Isso significa ver sempre as melhores qualidades, como ensina Bárbara Fredrickson, que escreveu o livro *Amor 2.0*.[73] Ao aconselhar casais a lidar com os desafios do relacionamento, a pesquisadora propõe mudar o foco para o positivo, priorizar as coisas boas e vivenciar o amor celebrativo, ou seja, alegrar-se com as vitórias (lembra-se da ideia de acender a luz dos outros?). Ao conviver muitos anos com uma pessoa, é muito fácil ver os defeitos e saber os pontos fracos dela. Difícil é se focar nas qualidades, nas coisas boas e celebrar os bons momentos.

A verdade é que, para se relacionar bem, é preciso desfazer a mala na presença do outro. É o que vemos no testemunho a seguir.

Astromar pregou em um encontro em que, além de outras pessoas, um homem de 26 anos e seus pais participaram. Esse homem, que fora concebido dentro da cadeia, tivera uma infância muito sofrida. Quando a mãe saiu da prisão, logo após seu nascimento, o pai dele foi preso, e então o menino passou a viver de favor e ajuda dos outros.

Na ocasião em que o pai conseguiu a liberdade, a família não tinha onde morar, e o carro virou a casa deles.

---

[73] FREDRICKSON, B. **Amor 2.0**. São Paulo: Companhia Editora Nacional, 2015.

Perambularam pelo Mato Grosso inteiro durante alguns anos. O jovem descrevia os cheiros da infância dentro do carro: de comida, de suor... A última parada da família foi na rodoviária de Dourados. Os pais solicitaram para o então garoto pegar as coisas dele em uma pequena mala, deram-lhe dinheiro e disseram que descesse e comprasse algumas coisas.

Quando ele voltou, os pais haviam fugido. Com o pouco dinheiro que tinha, comprou salgados para se alimentar e dormiu por alguns dias na rodoviária. Depois, começou a andar pelas ruas. Passava na frente das casas e perguntava aos donos se podia limpar o quintal. Em um dos bairros de classe alta de Dourados, começou a limpar o quintal de um casal duas vezes por semana. Não tinha coragem de dizer que vivia na rua e aproveitava o banheiro da casa da família para tomar banho.

Aquela família começou a se aproximar e a criar laços com o jovem. Após meses nessa situação, o casal quis saber sua história. Ele contou dos dias que viveu em um carro andando de um lado para outro e como foi abandonado na rodoviária da cidade. A família, de coração enorme, convidou o adolescente para morar com eles. O jovem aceitou, mas, durante meses, viveu ali sem desfazer sua pequena mala. Vendo aquilo, a mulher questionou:

"Por que você não desfaz sua mala?"

"Tenho medo. Vai chegar uma hora em que vão me dispensar, como fizeram meus pais", respondeu o jovem. "Se isso acontecer, já estou com a mala pronta para partir."

"Mas você tem uma casa agora, pode deixar suas coisas aqui, você nunca mais vai ser abandonado", afirmou a mulher, que, a partir de então, passou a ser considerada sua mãe.

Quando o menino desfez a mala, o casal passou a dar as coisas para ele e, de fato, a tratá-lo como um filho. E, então, ele se sentiu amado.

Desfazer a mala é necessário para que sejamos amados e acolhidos. Quantas pessoas você conhece que não se abrem, não falam do que gostam, o que as deixa felizes, o que lhes é importante, quais os seus sonhos e as suas angústias? Se você não colocar para fora, posicionar-se, não parar de comportar-se como vítima, nunca será acolhido e amado como merece ser. Precisamos desfazer a mala na nossa casa, com nossos amigos; senão, damos a impressão de que, a qualquer momento, iremos partir, porque a superficialidade toma conta do relacionamento.

Relacionamentos são uma avenida de duas vias. Você pode ir por uma delas enquanto a outra pessoa volta pela contramão. Ou os dois podem seguir juntos pela mesma via. Nesse processo, há sincronia e cuidado mútuo. As emoções positivas devem ser compartilhadas.

Se cruzarmos essa história com os tipos de amor aos quais Bárbara se refere, é possível afirmar que o amor 1.0 é o da emoção, do sentimento, do coração palpitando, idealizado, da alma gêmea. É o amor de novela. Enquanto o amor 2.0 é onipresente, dos micromomentos, é o amor da conexão, é o amor ágape, o amor atitude, aquele amor que nos desconcerta. É aquela pessoa que abre um vinho para celebrar nossa conquista, ou que nos presenteia com uma rosa em um dia de semana, ou mesmo que nos chama para um café às quatro da tarde, quando menos esperamos.

O amor que conserta é o amor que desconserta. Quando você desfaz a mala, cria momentos e situações de emoções positivas, o que gera uma ressonância também positiva, ressoando em você mesmo o retorno do seu amor.

A proposta de Bárbara é planejar três micromomentos no dia para nutrir relacionamentos. Pode ser tomar café com a mãe, almoçar em família ou fazer uma atividade com o filho, por exemplo. Para Astromar, o café da tarde com a mãe dele é um micromomento muito valorizado. Neder escolheu assistir a um filme com o filho Tomé pelo menos uma vez por semana ou jantar a sós com a esposa aos sábados.

São escolhas para conectar mente e corpo no presente. **Os micromomentos podem ser considerados um *upgrade* do amor, visto que o mundo digital nos afasta de momentos de conexão.** Nunca nos sentimos tão sozinhos em um mundo virtual tão cheio de "amigos". Que paradoxo: são muitas "amizades" virtuais e poucos amigos verdadeiros.

Lembra-se da história do senhor que brincou com Astromar por não encontrar o interruptor de luz? Pois bem, **não podemos depender do externo para sermos felizes.** Precisamos, nos nossos relacionamentos, descobrir onde ficam os interruptores do outro para nos conectarmos.

Bárbara também explica que o amor cresce melhor quando está ligado a momentos presentes, pois assim podemos experimentar o prazer de testemunhar a ação e reação do outro. Neder tem três filhos, e cada um tenta se conectar com ele de maneira diferente.

Além de identificar o melhor modo de se conectar com os outros, livrar-se do ônus social dos relacionamentos também é importante. Você tem se preocupado demais com a opinião alheia? Esteja certo, porém, de que na maior parte do tempo as pessoas não estão preocupadas com o que você faz nem com sua aparência – você é que acha que elas estão. Tem feito coisas das quais não gosta apenas para agradar aos outros? Então, precisa rever o seu caminho.

Em geral, quando somos jovens, nos preocupamos com a opinião das pessoas a nosso respeito, mas, ao amadurecermos e chegarmos à meia-idade, não estamos nem aí para o que vão pensar de nós, queremos é viver. E, ao alcançar a velhice, teremos sorte se alguém ainda se lembrar de nós.

É possível verificar como você chegará ao fim da sua jornada, se você está cultivando relacionamentos, em especial os familiares, ou se os está sabotando. Dyer nos ajuda a problematizar nosso momento atual fazendo-nos quatro perguntas cujas respostas devem ser "sim" ou "não".

* Você simplesmente aceita o que outras pessoas na sua família querem fazer e fica ressentido com isso?

Na maior parte do tempo as pessoas não estão preocupadas com o que você faz nem com sua aparência — você é que acha que elas estão.

- * Você é a pessoa escolhida para servir de motorista, arrumar a bagunça dos outros e, de modo geral, levar sua vida de acordo com a programação deles?
- * Tem dificuldade em dizer não a seus pais, cônjuge ou filhos e expressar seus sentimentos?
- * Frequentemente, tem receio de dizer a seus parentes que não quer se reunir ou almoçar com ele sem precisar inventar desculpas?

Se algumas das suas respostas foi "sim", para Dyer, isso indica que sua vitimização tem a ver com uma posição de fraqueza que você adota. Perceber o seu desempenho como vítima é o primeiro passo para reagir; caso contrário, será infeliz tentando sempre agradar aos outros. Sabe aquela ideia das duas vias, da ressonância que apresentamos anteriormente? Se, em um relacionamento, você não perceber que está recebendo algo, talvez esteja em uma condição de vítima.

Há uma analogia simples que nos ajuda nessa questão. Se colocarmos o relacionamento como um campo cercado, quando abrirmos, pode ser que se encante com a liberdade e nunca mais volte. Devemos tirar as cercas e cultivar, regar e cuidar do pasto. Enquanto houver alegria, entusiasmo, celebração dos bons momentos e ressonância positiva entre os dois, terá liberdade e viverá sem cercas. Assim, o relacionamento será protegido, blindado, mas livre para ir e vir. Como diz um ensinamento: todo relacionamento tem de ser igual a passarinho em gaiola aberta. Se o passarinho for seu, ele sai e volta.

NUTRIR RELACIONAMENTOS

As pessoas mais felizes são aquelas que, livres das carências e da vitimização, nutrem bons relacionamentos. Os motivos são bem claros:

* Bons relacionamentos nos mantêm felizes;
* Bons relacionamentos nos mantêm saudáveis;
* Bons relacionamentos protegem o cérebro.

Fredrickson[74] revela que, em alguns momentos da rotina, você se conecta com alguém, dividindo com essa pessoa uma emoção positiva – e a vida é muito mais feliz quando se pode dividir a emoção positiva de tomar um sorvete ou um café ou mesmo comentar o final de uma série com alguém. O grande sentido do casamento, na verdade, é ter um amigo para todas as horas, com quem compartilhar a alegria de, mesmo velhinhos, dividir momentos simples, mas maravilhosos. Nesse caso, a pesquisadora trata de duas ocasiões de amor:

* **Amor celebrativo**: quando você vê algo extraordinário em alguém e celebra isso;
* **Amor compaixão**: quando você sente a dor do outro e quer o melhor para ele.

---

[74] FREDRICKSON, B. *op. cit.*

AMOR

A autora afirma que é muito mais difícil, mas também importante, celebrar os momentos positivos do que ajudar nos negativos. Em geral, nos sentimos ameaçados pelo triunfo dos amigos. Só que quem encontrou um amigo encontrou um tesouro.

A pesquisadora está certa quando afirma que nós, seres humanos, temos dificuldade em verbalizar nosso orgulho e nossa felicidade com as vitórias de amigos e familiares. Muitas vezes, nos calamos. Em vez de ignorar seu amigo, seja um espelho para refletir a glória dele. Celebre com ele! Leve um vinho, abençoe-o e aproveitem junto as vitórias. A vida já tem surpresas e momentos difíceis suficientes para ignorarmos as conquistas das pessoas que amamos!

Vamos fazer um exercício nesse sentido. Liste as cinco pessoas mais importantes do mundo para você. Além da família, coloque também aqueles seus amigos fiéis e sinceros. Agora, na frente de cada um dos nomes, escreva as qualidades deles. Com esse simples exercício, comece a descobrir um caminho para o amor celebrativo, e não um amor de compaixão. Não seja um amigo só das horas difíceis!

A professora Sonja[75] aponta atitudes que potencializam os relacionamentos:

* **Invista tempo.** Algo que é tão precioso para todos nós precisa ser usado nos relacionamentos

---

[75] LYUBOMIRSKY, S. *op. cit.*

que queremos manter. Menos tempo de tela e mais tempo real. Sem tempo, não há amor e não há amizade.

* **Expresse admiração.** Não é só elogiar, vamos exercitar os três "a": admiração, afeto, apreciação. Por exemplo, um beijo espontâneo enquanto seu marido ou esposa está fazendo um trabalho doméstico pode surtir muito efeito. A admiração pela criança que conseguiu preparar sozinha o próprio leite de manhã. A soma de pequenos gestos durante o dia faz muita diferença ao fim da vida.

* **Gerencie conflitos.** Casais felizes não brigam mais ou menos que os outros, mas brigam diferente. Um jeito errado de discutir é o início conflitivo do qual falaremos rapidamente. Podemos tomar como exemplo uma briga fictícia entre um tigre e uma tartaruga. O tigre é agressivo, e a tartaruga fica só esperando para se pronunciar. Precisamos ser mais adeptos do modo da tartaruga, porque os primeiros trinta segundos de um conflito são determinantes. Se houver um pronunciamento errado nesse começo, a discussão pode piorar. Em geral, pelo menos um dos dois deve ser a tartaruga. Casais de tigres dificilmente terão conflitos construtivos: um lado tem de segurar para o espiral dos primeiros segundos não se transformar em palavras que machucam e marcam negativamente os dois.

Nunca desista! O fracasso e a rejeição são apenas os primeiros passos para o sucesso.[76]

JIM VALVANO

---

76 KIDADL Team. 40 Jim Valvano Quotes From The Beloved Basketball Coach. Kidadl. Disponível em: https://kidadl.com/quotes/jim-valvano-quotes-from-the-beloved-basketball-coach. Acesso em: 14 set. 2022. Tradução livre.

- **Compartilhe uma vida com significado profundo.** Revelar pensamentos íntimos é difícil, mas fundamental para as amizades. O Instagram está cheio de amizades superficiais. A nossa amizade deve revelar pensamentos íntimos dos dois lados. Ser um bom ouvinte e saber manter um segredo são atitudes potencializadoras dos relacionamentos. Compartilhar alegrias e fracassos é próprio das amizades, mas atenção: se, ao dividir um sucesso, o amigo não expressar admiração profunda, desconfie.

- **Abrace.** O abraço nos aproxima fisicamente, mas, para além disso, é acolhedor. O acolhimento é quando nos sentimos no colo mais importante de todos, o de mãe, é o momento da gestação. O abraço tem um significado físico, mas potencializa sobretudo o estado emocional. "O melhor lugar do mundo é dentro de um abraço!"[77]

Diante dessas atitudes, é possível ainda trabalhar com o pensamento de Jim Rohn[78] de que nós somos a média das cinco pessoas com quem mais convivemos. E é sempre importante filtrar os relacionamentos para que nós mesmos mudemos. Em outras palavras, devemos identificar quais

---

[77] DENTRO de um abraço. Intérprete: Jota Quest. *In*: FUNKY *funky boom boom*. Rio de Janeiro: Sony Music, 2013. Faixa 11.

[78] ROHN, J; WIDENER, C. *op. cit.*

são bons, mas também quais são aqueles que roubam felicidade e sugam energia. Não é prudente manter próximos os relacionamentos que puxam sua média para baixo.

Relações tóxicas precisam ser interrompidas. Decida parar de nutrir relacionamentos com pessoas que não lhe fazem bem. Imagine a vida como se estivesse carregando diversas sacolas. Algumas vão arrebentando ao longo do caminho. Do mesmo modo, relações vão ficando para trás, e isso não é ruim. É durante o caminho que as coisas se acomodam. No entanto, devemos colocar os bons relacionamentos nas sacolas mais fortes para que não caiam. Isso é sabedoria, que, com a maturidade, vamos adquirindo.

Enfim, relações próximas e saudáveis são boas para saúde e bem-estar. Mas por que é tão difícil assimilar isso? Bem, somos humanos. O que nós gostaríamos mesmo é de uma resolução rápida para um problema, algo que tornasse nossas vidas boas e as mantivesse assim. **Relacionamentos são confusos e complicados e o trabalho árduo de zelar pela família e pelos amigos não é fácil. É trabalho para a vida inteira. Nunca acaba.**

Que tal buscar, utilizando as estratégias propostas neste capítulo, o que os relacionamentos têm a oferecer? Não é algo tão difícil. O que acha de tentar?

SEJAMOS FERRAMENTAS DE FELICIDADE.

CAPÍTULO 8
VÁ FELIZ

V iva! Se você viver, Deus viverá com você. Se você se recusar a correr riscos, Deus se recolherá para um paraíso distante e será meramente tema de suas especulações filosóficas. Todos sabem disso, mas ninguém dá o primeiro passo; talvez por medo de ser chamado de louco. Convide Deus para entrar no jogo com você; vá viver!

Todas as manhãs, você tem dois caminhos: aceitar as circunstâncias ou *fazer* as circunstâncias – nesse caso, implica decidir realizá-las ou lidar melhor com elas. Convenhamos que, com o mundo do jeito que está, é assustador perceber o quanto estamos imersos em problemas, atividades, agendas apertadas e até mesmo, pasmem, momentos de prazer. O importante mesmo é como você responde a tais circunstâncias.

Chegamos ao momento-chave do livro. A partir de agora, você deve assumir uma responsabilidade que não lhe foi requisitada até então. **Precisamos que você queira conceretizar seu propósito ou simplesmente que deseje mudar a sua vida para viver uma felicidade sem igual.**

VÁ FELIZ!

Segundo o escritor Jack Canfield, autor do livro *Os princípios do sucesso*,[79] é necessário que homens e mulheres assumam de maneira integral a responsabilidade de tudo que acontece em sua vida. Para Canfield, o ser humano, nas últimas décadas, conseguiu desenvolver a técnica de controlar o cérebro diante das expectativas e direcioná-lo para o que deseja. Em outras palavras, **tínhamos uma falsa ideia de que o cérebro recebia muito mais informação do que gerava e, nessa verdadeira usina de dados e impulsos, a positividade está presente e pode ser um grande fator de mudança**. Você pensa, coloca o cérebro para agir e, em pouco tempo, assume as condições para ser o único responsável por você mesmo.

A verdade é que somos muito hábeis em planejar tudo, mas muito mais hábeis em jogar para frente o momento da execução. E fazemos isso por muitas razões, mas a principal delas é que ser feliz implica agir como uma pessoa feliz, tirando a poeira da alma, eliminando tudo aquilo que impede a livre circulação de ideias e decidindo pelo caminho de um estado de satisfação que nos garantirá enfrentar qualquer situação.

Sempre que dizemos que a felicidade não é impossível, nos perguntam o que fazer, então, para alcançá-la. Para nós, não faz sentido aquela história de que "falar é fácil, difícil é fazer", mas, independentemente dessa discussão, as linhas a seguir delinearão a nossa fórmula.

---

[79] CANFIELD, J. **Os princípios do sucesso**. Rio de Janeiro: Sextante, 2007.

A ferramenta Espiral Vá Feliz (EVF), elaborada durante anos a partir de nossas experiências de vida, concretizações, erros e acertos, possui princípios a serem seguidos. São prerrogativas que exigem rigor por parte de quem a aplicará, e uma delas diz respeito à prática.

Shawn Achor[80] sinaliza que a prática é a melhor maneira de manter uma atividade e aponta para um segredo: ritualizar a tarefa. Ou seja, se você deseja desenvolver uma atividade de modo mais contínuo ou profissional, uma dica importante é definir um horário e manter sempre os itens necessários à disposição para realizá-la.

Temos um amigo em comum que gosta muito de marcenaria, mas não conseguia entrar na área porque não se considerava profissional. Um dia, resolveu praticar, e a primeira ação dele foi comprar todos os materiais necessários, encontrar um local na casa para a prática e manter o espaço sempre pronto para a atividade. No começo, ele não usava muito os materiais, mas, com o tempo, começou a treinar mais a técnica, fez cursos profissionalizantes e hoje trabalha exclusivamente com isso.

A prática é filha do hábito e precisa ser tão arraigada a ponto de ser um incômodo quando não acontece. Concordamos que, no início, é sempre difícil. Vai ser ruim, chato, mas, aos poucos, com a rotina, a prática se normaliza.

---

[80] ACHOR, S. *op. cit.*

A gratidão
é a memória
do coração.[81]

ANTÍSTENES

---

81 A GRATIDÃO é a memória do coração. **Antístenes**, Pensador. Disponível em: https://www.pensador.com/frase/MzIxNTA/. Acesso em: 14 set. 2022.

Uma dica rápida: como você viu, para a prática se consolidar, é preciso ter tempo e espaço. Desses, o tempo costuma ser o mais difícil de conseguir, mas por que não "fazer" mais tempo? Coloque o despertador, por exemplo, para tocar quinze minutos mais cedo do que o habitual. Não atrapalhará seu sono e serão quinze minutos a mais para fazer o que você quiser. Pode ser, por exemplo, uma meditação, um alongamento, uma breve corrida, um planejamento diário, uma oração bem-feita. Em tempo: há quem ore em qualquer lugar, em momentos diversos do dia. Outros preferem tirar cinco minutos para uma oração concentrada. Qual terá mais efeito? Claro que a concentrada, pois você focou a prática, o hábito se instalou.

A prática de algo saudável, física ou mentalmente falando, é tudo de que precisamos. Até porque, se conseguimos manter hábitos tóxicos, por que não o fazemos com aquilo que realmente nos faz bem?

Um dos maiores problemas da prática é a desistência. De acordo com a nossa experiência em formação de lideranças, 95% das pessoas não alcançam o sucesso porque param no meio do caminho. Os outros 5% obtêm resultados porque persistem em seus propósitos.

Certa vez, um professor experiente apresentou um dado interessante, mas também assustador. Ele disse que, quando está em uma sala com quarenta alunos, na verdade, ele dá aula para apenas 3% que vão realmente se tornar grandes profissionais. É muito pouco!

E qual é o segredo desses 3%? A prática consolidada, o hábito profissional, **a felicidade em ser alguém**

bem-sucedido e a felicidade como meio de obter esse sucesso. Tratamos aqui de um mapa conceitual para a satisfação plena considerando sucesso nas áreas física, mental, espiritual, econômica, familiar e social. Afinal, **a felicidade é uma soma de fatores, e não é apenas uma condição que a garante.**

O professor de Harvard Daniel Gilbert, psicólogo e estudioso da felicidade humana, em uma palestra, fez uma revelação interessante. Primeiro, perguntou: "Quem é mais feliz: quem ganha um milhão de dólares na loteria ou quem perde o controle das duas pernas?". Depois, revela que foi realizado um estudo nos Estados Unidos com pessoas exatamente nestas duas condições: sortudos que ganharam na loteria, vítimas que perderam o movimento das pernas e um terceiro grupo de controle (neutros). Um ano depois, os ganhadores da loteria e os paraplégicos estavam quase igualmente felizes com suas vidas. Os novos milionários não estavam mais felizes do que o grupo de controle, e esses dois grupos eram apenas um pouco mais felizes do que os paraplégicos.[82]

Então por que esse estudo se tornou o "garoto propaganda" do conceito de adaptação hedônica? A maioria de nós esperaria que: 1) as pessoas que ganharam na loteria fossem muito mais felizes do que o grupo de controle, mas não foram; 2) os paraplégicos fossem muito menos felizes do que

---

[82] GILBERT, D. **O que nos faz felizes**: o futuro nem sempre e o que imaginamos. Rio de Janeiro: Campus, 2006.

o grupo neutro ou ganhadores da loteria, mas, na verdade, eram apenas um pouco menos felizes (embora seja difícil interpretar diferenças numéricas em escalas de classificação como as usadas nesse estudo).

Por mais que as descobertas dessa pesquisa possam parecer fracas e inconclusivas para muitos, ela abriu portas para outros estudos que confirmaram o poder da adaptação hedônica. O que prova que **somos capazes de construir nossa felicidade**. Observe estas afirmações:

* Felicidade está dentro de nós;
* Felicidade não pode ser encontrada fora;
* Felicidade é um sentimento a ser gerado dentro de nós.

A felicidade está em nós! Nossa proposta, desde o início do livro, tem sido fazer você descobrir o potencial que está dentro da sua mente. Esse *mindset*, ou habilidade mental, pode ser ainda mais desenvolvido; chegamos, então, à Espiral da Felicidade.

EVF: ESPIRAL VÁ FELIZ

Como já dissemos, essa ferramenta é fruto de um conjunto de conhecimentos adquiridos ao longo de nossa vida, tanto em aspectos profissionais quanto pessoais. É derivada, portanto, de fracassos e sucessos, mas reunindo tudo quanto **foi fundamental para chegarmos aonde estamos hoje: o controle da mente em direção a uma vida muito mais feliz**.

Você pode desenvolver a EVF em si mesmo a partir de três pontos principais: atitudes, atenção ao essencial e esperança. A base da ferramenta continua sendo a energia, o trabalho e o amor, mas alavancado em uma espiral crescente por atitudes diárias, atenção no essencial e a esperança de uma vida sempre melhor.

Você deve pegar cada um desses itens e centralizar sua mente primeiro no que significam e depois em como você os atingirá plenamente. Você pode anotar as informações em um caderno, computador, tablet ou celular; onde se sentir mais à vontade. Uma dica: ao delimitar os seus pontos da ferramenta, esteja em paz, em um lugar isolado de todo barulho e com a mente o mais limpa possível, como quando você acorda pela manhã após uma boa noite de sono.

A felicidade está em nós!

ATITUDES

Esse é o primeiro ponto da ferramenta. Todos nós temos (ou podemos ter) propósitos na vida; o que significa descobrir qual é a nossa missão, por que estamos aqui neste mundo e, principalmente, quais as habilidades que nos garantem ser felizes realizando um trabalho. **Podemos ser quem quisermos, mas especialmente quem devemos ser**.

Nossas atitudes de hoje determinam quem somos e se seguiremos o caminho do nosso propósito. São decisões que tomamos ao longo do tempo, não sem atribulações, claro, mas sempre focando quem deveríamos ser. O propósito é uma ideia tão poderosa que, por exemplo, estamos escrevendo este livro sobre felicidade conscientes de que somos capazes da tarefa.

Propósito pode ser traduzido como a meta maior da vida. No entanto, deve ser praticado por meio de atitudes. Você pode estipular ações diárias, mensais, anuais que o aproximarão cada vez mais de uma vida com propósito. Uma vez estabelecidas essas atitudes e o seu grande propósito, é melhor não se afastar desse caminho, sob pena de jogar fora sua essência e o que tem de melhor para oferecer ao mundo.

Sonja Lyubomirsky diz que as atitudes desejadas podem se tornar realidade se você escrever um breve diário todos os dias de manhã com suas percepções, esperanças e sonhos.[83]

---

[83] LYUBOMIRSKY, S. *op. cit.*

Brian Johnson afirma que muitos autores que trabalham a psicologia positiva mantêm um diário.[84]

Nós também temos o hábito de escrever, e podemos lhe sugerir como o fazer. Pela manhã, logo cedo, em um momento de paz, pegue uma folha de caderno em branco ou até mesmo um pequeno diário e ali escreva cinco atitudes que considera essenciais para viver feliz e que serão praticadas naquele dia. Essas atitudes podem mudar de vez em quando, umas saem da lista enquanto outras entram, mas, em geral, elas se repetem. Por exemplo:

* Medite;
* Seja grato;
* Pratique atos de bondade;
* Cultive o otimismo;
* Evite a Síndrome do Pensamento Acelerado (SPA), reduzindo tempo de tela;
* Dê atenção à família e aos amigos;
* Seja melhor no trabalho;
* Cuide do corpo fazendo exercícios;
* Coma bem;
* Invista na sua estética. Fique bonito;
* Exercite a espiritualidade ou religião;
* Mantenha contato com os bons amigos;
* Aprenda a perdoar com um ato concreto;

---

[84] JOHNSON, B. *op. cit.*

Propósito pode ser traduzido como a meta maior da vida. No entanto, deve ser praticado por meio de atitudes.

* Saboreie os prazeres da vida;
* Durma cedo;
* Encontre algo pelo qual tenha expectativa;
* Gaste dinheiro (para *fazer* coisas e não para ter coisas);
* Exercite um de seus pontos fortes.

Cerca de 40% das suas atividades são baseadas em atitudes intencionais. Atestamos que as cinco atitudes da lista que você escolherá diariamente, se executadas com regularidade, intenção e de modo planejado, gerarão felicidade na sua vida.

Talvez você esteja se perguntando: *Mas por que escrever?* É que o nosso cérebro se mantém atento quando a operação envolve escrever. Quando escrevemos, tomamos maior ciência dos assuntos.

ATENÇÃO NO ESSENCIAL (HOJE)

A palavra "gratidão" vem do latim *gratia*, que é o mesmo que graça.[85] **A gratidão é a memória do coração e, depois do amor, é o sentimento mais nobre do ser humano.** Proferir um "obrigado" é educação, mas gratidão vai além de uma mera convenção social. Em nossos estudos

---

[85] ZONTA, A. A prática da gratidão: Um olhar mais leve para a vida. **Psicologia Viva**, 9 dez. 2020. https://blog.psicologiaviva.com.br/pratica-da-gratidao/. Acesso em: 16 ago. 2022.

para a prática de formação de lideranças, em especial com a leitura de autores já citados neste livro, verificamos que a maioria deles considera a gratidão o exercício mais eficaz para construir a felicidade e conectar você ao que é essencial na vida.

Em seu livro *Como chegar ao sim com você mesmo*,[86] William Ury afirma que muitos pensam que ser grato é a consequência de levar uma vida feliz, mas, na verdade, é o contrário: a gratidão precede a felicidade. Esse é o caminho. O autor cita um estudo de Robert A. Emmons – psicólogo e professor da Universidade da Califórnia, em Davis, que atua nas áreas de psicologia da personalidade, da religião e da emoção – cujos resultados apresentam provas científicas de que pessoas gratas são muito mais felizes. A pesquisa mostra que quem exerce a gratidão com regularidade experimenta benefícios psicológicos, físicos e sociais. Emmons, inclusive, escreveu um livro muito interessante sobre o assunto: *Thanks!: How Practicing Gratitude Can Make You Happier* [Obrigado!: como praticar a gratidão pode fazer você mais feliz, em tradução livre].

Segundo os estudos de Emmons,[87] quem manifesta gratidão de modo constante – o que pode ser feito ao listar seus agradecimentos todos os dias – emana sentimentos e sensações bem diferentes de quem não segue essa prática.

---

[86] URY, W. **Como chegar ao sim com você mesmo**. Rio de Janeiro: Sextante, 2015.

[87] EMMONS, R. A. **Thanks!**: how practicing gratitude can make you happier. Boston: Houghton Mifflin, 2008.

São pessoas que dormem bem, possuem níveis de estresse reduzidos, doenças crônicas controladas e sentem prazer com atitudes próprias, mas também com a vitória dos outros. Socialmente, estão muito mais abertas a encarar os problemas e a resolvê-los com facilidade. Não significa que estejam livres de problemas, mas que os enfrenta com graça.

Portanto, **essas provas científicas oferecem subsídios para que todos nós vivamos de maneira muito mais agradecida. É preciso, porém, ter em mente que agradecer não é apenas sentir, mas agir com gratidão.** Tem a ver com observar as situações essenciais do nosso dia de modo a tirar dela o máximo proveito.

A ferramenta EVF coloca à sua disposição uma prática bem eficaz, recomendada por muitos autores, para manter o nível de gratidão nas alturas: pegue um papel e uma caneta e escreva de cinco a dez situações que aconteceram nas últimas vinte e quatro horas pelas quais você é grato. Seja bem específico, por exemplo: "Sou grato porque ontem brinquei com minha filha mais nova", ou "Sou grato porque assisti a um filme com a minha esposa", ou "Sou grato porque corri vinte minutos hoje pela manhã, cheguei ao trabalho renovado e resolvi um grande problema que nos atormentava".

O bom dessa tática é que o seu cérebro, ao rever as últimas vinte e quatro horas com detalhes, trará reflexões e sedimentará pensamentos positivos. Atestamos, ainda, que quem anota seus agradecimentos diariamente terá mais chances de sentir felicidade duradoura porque estará sempre condicionando a mente a entender que, embora situações ruins aconteçam, há muito mais para se comemorar.

O ritual das Manhãs Poderosas de Neder Izaac, que propõe reservar vinte e cinco minutos toda manhã para que você cuide primeiro de si e de sua mente, também inclui o diário de gratidão na etapa final, logo depois da energização (*tapping*) e da meditação (*mindfulness*).

É justamente assim que Arianna Huffington entende.[88] Para a autora, gratidão é um antídoto, um mecanismo de defesa da alma contra coisas ruins, assim como os glóbulos brancos são para o corpo. Mas a grande vantagem dela é que não tem efeito colateral. Não é raro conhecermos alguém que só consegue passar o dia se for amparado por um remédio alopático – talvez esse até seja o seu caso.

Com a gratidão, isso não acontece. Além de ganhar paz interior, ainda elevamos a nossa alma a um plano espiritual diferente e, por mais cético que você possa ser, todos nós precisamos de equilíbrio. **Faça a sua lista, mas não pare por aí. Não haverá benefício se não tiver ação.** Sonja Lyubomirsky afirma que começar a listar seus agradecimentos sem prosseguir com ação regular é como ir à academia apenas uma vez por ano e ainda querer resultados.[89]

---

[88] HUFFINGTON, A. *op. cit.*
[89] LYUBOMIRSKY, S. *op. cit.*

Agradecer não é apenas sentir, mas agir com gratidão.

ESPERANÇA (FUTURO)

No livro *Felicidade autêntica*,[90] Martin Seligman diz que a esperança e o otimismo quanto ao futuro são duas virtudes. **Trabalhar para que você seja quem sempre desejou ser é uma resposta positiva diante das circunstâncias e garante ânimo para agir no presente**. Mas, sobretudo, essa condição é precedida pela esperança em concretizá-la.

Esperar bons eventos é fundamental para a felicidade, embora saibamos que é preciso uma certa dose de resistência e força de vontade para que não se desvie do caminho. A questão é que a esperança é um sentimento muito fluido, mas deve ser concretizada a partir da experiência, do fazer acontecer. Se vivermos só na esperança, sem experimentar acontecimentos concretos no nosso dia a dia, podemos desanimar no meio do caminho. **Esperança não se limita ao ato de "esperar", mas também do de experienciar. Esperança, otimismo e responsabilidade pelo futuro são forças parentes que representam uma postura positiva em relação ao que está por vir.**

O foco da esperança deve estar em metas alcançáveis, pois, do contrário, ela se torna uma grande decepção. Shawn Achor alerta para o risco da infelicidade gerada pelo excesso de otimismo ou pela esperança irracional.[91] Viver além das

---

[90] SELIGMAN, M. E. P. **Felicidade autêntica**: use a psicologia positiva para alcançar todo seu potencial. Rio de Janeiro: Objetiva, 2019.

[91] ACHOR, S. *op. cit.*

possibilidades é um processo muito desgastante, que gera situações desnecessárias e decepcionantes.

Em outras palavras, precisamos estar cientes de quem podemos ser e aonde podemos chegar, tanto profissional como financeiramente. **Um otimismo racional é uma ferramenta e tanto para nossa vida e elimina chances de sermos iludidos.** Posso até nutrir esperanças de dar aulas no ensino superior, mas, se tenho apenas a graduação, dificilmente conquistarei esse objetivo. Uma coisa é ser otimista, outra é ser consciente.

A euforia é inimiga da felicidade. Assim, devemos planejar a vida de maneira responsável, prevendo riscos e oportunidades de modo consciente, para que, quando estivermos diante de adversidade, consigamos agir. A visualização é uma grande norteadora da vida.

A psicóloga americana Laura King foi a primeira a estudar sistematicamente a intervenção do otimismo na vida das pessoas. Ela convidou voluntários ao seu laboratório para, por vinte minutos, escreverem qual seria o melhor futuro possível levando em conta as condições de vida deles. Ou seja: visualizar suas maiores metas como se já tivessem sido alcançadas. Isso gerou uma positividade tardia nos participantes da pesquisa mesmo semanas depois. O simples fato de pensar ou visualizar as metas ou um futuro ideal nos faz iniciar um processo mental de positividade que é capaz de durar semanas.[92]

---

[92] KING, L. **The science of psychology**: an appreciative view. Nova York: McGraw-Hill Professional Publishing, 2013.

A euforia é inimiga da felicidade.

Podemos fazer esse exercício também. Imagine-se no futuro, um em que tudo tenha corrido tão bem quanto consegue imaginar, e que você tenha alcançado todos os objetivos da sua vida. Fique à vontade para "concretizar" os seus sonhos mais grandiosos. Agora, volte à realidade. Pense por um instante: você está muito longe desse futuro ideal? **Sabia que a única pessoa que pode impedi-lo de conseguir tudo o que sonhou é você mesmo?**

Claramente existe uma inteligência trabalhando que é bem mais grandiosa que a nossa mente. Quanto mais nos aprofundamos no funcionamento do corpo, mais percebemos o quanto é vasta a inteligência que o permeia e como sabemos pouco dela. Quando reconectamos a mente com Deus ou com essa inteligência, temos uma maravilhosa ferramenta. Nosso trabalho é apenas aquietar a mente por um tempo longo o suficiente para permitir que mais dessa inteligência flua em nós até o eterno e até nossos sonhos.

Na etapa da visualização, a ferramenta EVF pede que você escreva em um papel como imagina sua vida daqui a dois, cinco, dez, vinte e cinco e cinquenta anos. Visualize o que escreveu, deixe que sua mente crie um pensamento positivo sobre isso.

Aqui, atenção: nunca estamos, de fato, totalmente contentes com o que visualizamos – nem precisamos estar. Então, não se preocupe com como alcançará seus objetivos, mas com o que você quer em cada etapa. Para facilitar, informe a idade que terá em cada período. Se nos períodos finais achar que não estará mais vivo, pense na vida que deixará, na marca positiva e no seu legado para a família, comunidade e o mundo.

TEMPO	IDADE	VISÃO (COMO VOCÊ IMAGINA SUA VIDA?)
2 ANOS	_____	_____
5 ANOS	_____	_____
10 ANOS	_____	_____
25 ANOS	_____	_____
50 ANOS	_____	_____

Já treinamos, nos últimos anos, milhares de líderes em todo o Brasil. Brian Trace revela que um estudo realizado com 3.300 líderes mapeou qual seria a qualidade comum entre os grandes líderes de todos os tempos.[93] Os pesquisadores descobriram que a única qualidade comum era a visão. Líderes têm visão. A visão de um futuro melhor para eles mesmos, para a família e para as suas organizações. Antecedem um futuro ideal e, então, trabalham para fazer disso uma realidade no presente.

A etapa da visualização pode também ser potencializada se, junto com a prática da esperança, a fé for exercitada. A esperança é algo que praticamos, já a fé

---

[93] TRACY, B. **How the Best Leaders Lead**: Proven Secrets to Getting the Most Out of Yourself and Others. San Franscisco: AMACOM, 2010.

é um dom divino, e ambas possuem grande poder nas nossas decisões. Napoleon Hill é autor da célebre frase de que gostamos muito: "Tudo o que a mente humana pode conceber e **acreditar**, ela pode conquistar".[94] **Não adianta só visualizar e ter sonhos sem acreditar, é preciso ter fé.**

VÁ FELIZ

Na Espiral da Felicidade, o último ponto a ser desenvolvido é a ação, talvez um dos mais importantes. Tudo que vimos até aqui depende do ato de agir para ser concretizado: tanto os fundamentos de energia, amor e trabalho, quanto a atenção no hoje, no essencial, na prática de gratidão quanto a esperança e visualização. Não existe felicidade sem ação.

O corpo precisa agir, seja por vias mentais, seja por vias físicas ou ambas. Lembrando que a ação é um ato voluntário, e não um reflexo. É importante que saibamos diferenciar isso para agirmos de modo consciente em nome da construção de uma felicidade plena.

Muitas vezes, agimos mais por reflexo do que por ações. Respondemos a uma dor, a uma alegria, a uma conquista, mas não estamos necessariamente agindo. Dito isso, perceba o seu corpo em movimento. Só podemos considerar algo como ação quando há a seguinte sequência:

---

[94] HILL, N.; CLEMENSTONE, W. **Atitude mental positiva**. Auxiliadora: Citadel, 2015.

a consciência da ação, a decisão pelo momento da ação, a ação em si e, por fim, a repetição do ato quantas vezes for necessário até que uma questão seja resolvida, ou um hábito, formado.

O hábito – sobre o qual já falamos bastante neste livro – tem muito a ver com a ação. Listar as atitudes que realizaremos no dia para sermos felizes, situações que remetam à gratidão, ações que nos permitam ser pessoas melhores e construir caminhos sólidos que nos levem aos propósitos desejados são consciência e ação ao mesmo tempo.

É costume, no começo do ano, que as pessoas façam promessas de melhoria de vida. A principal delas talvez seja a de começar a praticar exercícios. Afinal, o tempo vai passando e o corpo dá sinais de que precisa de mais força – para além disso, ainda tem a questão estética. Bem, quantas vezes você prometeu começar a treinar em uma academia ou correr diariamente, mas não foi adiante? Pior, quantas vezes você realmente iniciou a atividade física, mas desistiu de tudo na primeira oportunidade? Um anúncio de academia, certa vez, nos fez pensar nisso. Acima da foto de alguém treinando havia uma frase: "Daqui a um ano, você vai ter desejado começar hoje". Pois é, aqueles que começaram já estão um ano na frente. Já estão bem melhores porque agiram.

David Kohl, professor emérito da Virginia Tech University, descobriu que aqueles que escrevem seus objetivos em um papel terão nove vezes mais sucesso do que os que não o fazem. No entanto, a pesquisa de Kohl sugere que

A única pessoa que pode impedi-lo de conseguir tudo o que sonhou é você mesmo!

apenas 20% dos americanos possuem metas e menos de 10% as escreve.[95]

Por que isso acontece? Por que tão poucos de nós tiram um tempo para desenvolver e anotar objetivos claros e concisos e realmente agir? Depois de pesquisar essa questão por mais de dez anos, concluímos que é porque somos preguiçosos.

Sabemos que é importante, e até recomendamos, que você decida pelo melhor momento de agir. No entanto, é preciso que essa decisão de fato seja tomada em algum momento; do contrário, nada acontecerá.

Nesse contexto, é pertinente citar o ato de procrastinar. **A decisão consciente de deixarmos para depois aquilo que precisamos ou podemos fazer agora age contra nossos atos**.

O professor Piers Steel é pesquisador na Universidade de Calgary, no Canadá, e autor do livro *A equação de deixar para depois*.[96] Ele apresenta uma visão divertida, mas não menos séria, de como somos afetados pelas decisões de deixar tudo, ou quase tudo, para depois. E entre os prazos cada vez mais apertados – o que ele chama de "gorilas do prazo", que nos atormentam a todo instante, pois estamos sempre devendo algo – e a decisão de deixar para depois, Steel revela o quanto somos propensos a cair na tentação da procrastinação.

Para o pesquisador, procrastinamos quando entendemos

---

[95] CANFIELD, J. *op. cit.*

[96] STEEL, P. **A equação de deixar para depois**. Rio de Janeiro: Best Seller, 2012.

que a motivação para fazer algo não está devidamente ajustada ao valor que a tarefa possui. Ou seja, não adianta tentar se motivar para ir a uma academia se o valor que eu dou para minha saúde é baixo. Talvez a nossa visão mude quando um ataque cardíaco quase nos levar à morte. Daí entenderemos que, sim, precisamos nos motivar para ter mais saúde.

É possível dizer o mesmo sobre a felicidade. A maioria das pessoas só entende que pode ser feliz ao atingir certa condição. Elas dizem: "Vou ser feliz quando me casar", "Vou ser feliz na minha casa de praia no final do ano", "Vou ser feliz quando terminar minha faculdade". Pensar assim é procrastinar a felicidade que pode ser conquistada e vivida agora. **Qual é a razão para não agir agora? Qual é o motivo que o impede de caminhar feliz, em vez de esperar para ser feliz quando determinada situação ocorrer? Já que tem de ir, vá feliz!**

De novo: felicidade não é um lugar aonde se chega, mas a forma como se vai! Vá feliz!

Assim, ao final deste capítulo, é preciso que fique claro que só se conquista a felicidade a partir do uso consciente e correto das ferramentas que levam à mudança de comportamento e hábitos. **A EVF ajuda na concretização da sua felicidade, mas você precisa ativar a ferramenta.**

Estamos convencidos e somos prova de que não existe felicidade sem ação e de que essa mesma **felicidade pode ser comparada a um músculo: quanto mais usada, mais forte fica.** Comece a perceber felicidade em tudo e, em pouco tempo, você estará imerso em sua espiral positiva.

O FINAL FELIZ É A GENTE QUE FAZ.

CAPÍTULO 9
LINHA DE CHEGADA

Você está prestes a cruzar a linha de chegada, e este é o momento certo para evidenciarmos exemplos práticos de felicidade, afinal, **se construirmos e cultivarmos os pequenos bons momentos, eles se tornarão grandiosos.**

Nutrir relacionamentos é uma das maneiras de investir em felicidade. Neder, por exemplo, tem dificuldade para descrever o bem-estar que sentiu ao se apresentar tocando bateria com o filho Tomé. Até chegar a esse momento, sabe como ele praticou a felicidade? Gravando pequenos vídeos com o filho, comungando com ele a sua alegria em se apresentar como um músico e tocar o instrumento preferido. Foram dias em que pai e filho saborearam a felicidade.

E não dá para sentir o sabor da felicidade se não sonharmos com isso. **Sonhos são projetos, e todas as pessoas felizes têm os seus. Sem necessidade de**

Ninguém alcança uma meta se não acreditar nela.

LINHA DE CHEGADA

ser revolucionário ou grandioso, um projeto só faz sentido se for executado. Educador físico e ex-jogador de futebol, Astromar se sente feliz na prática de atividade física. A rotina corrida e as muitas viagens a trabalho, porém, impedem-no da prática diária. Então ele desenhou um projeto para cuidar do próprio corpo: treinar cem dias por ano é a sua meta. Quando cumprida, a alegria é imensa. Aliás, quando elaborar um projeto, seja otimista. Ninguém alcança uma meta se não acreditar nela.

A prática da religião também colabora para sentir o sabor dos dias, pois nos aproximamos de nossa configuração transcendental e preenchemos nosso ser.

Expresse gratidão a tudo e a todos. Esteja certo disto: as novas gerações, inclusive nossos filhos, vão nos superar em tudo, seja nos exemplos bons, seja nos ruins. Portanto, direcione suas intenções, não deixe o mundo fazer isso por você.

Tome cuidado com a mercantilização da felicidade, não há necessidade de ter para ser feliz. Já vimos neste livro o tanto de pesquisas sobre o assunto e, graças a essas contribuições, elaboramos a **ferramenta EVF**, que o ajudará a concretizar a felicidade, com energia, trabalho e amor.

Estamos certos de que bons momentos fazem parte dessa nossa trajetória da vida. Observe e desfrute deles durante a sua caminhada. **Não procrastine a felicidade.** Aproveite, a partir de agora, os pequenos momentos grandiosos de felicidade. Está nas suas mãos.

Já que tem de ir,

vá feliz!

Este livro foi impresso
pela Edições Loyola em
papel pólen bold 70 g/m²
em setembro de 2022.